Erich Garhammer

Dem Neuen trauen

Perspektiven
künftiger Gemeindearbeit

Verlag Styria

Die Deutsche Bibliothek – CIP-Einheitsaufnahme

Garhammer, Erich:
Dem Neuen trauen : Perspektiven künftiger Gemeindearbeit /
Erich Garhammer. –
Graz ; Wien ; Köln : Verl. Styria, 1996
ISBN 3-222-12441-8

Printed in Austria
Umschlaggestaltung: Graphie Pirker, Graz
Satz: Medienhaus Styria, Graz
Druck und Bindung: Wiener Verlag, Himberg
ISBN 3-222-12441-8

INHALT

VORWORT

Von einem jüdischen Rabbi, Chama mit Namen, wird erzählt, daß er in der ersten Hälfte seines Lebens ungewöhnlich viele Schriften und kluge Kommentare verfaßt hat. Ab dem 36. Lebensjahr sei er vor allem damit beschäftigt gewesen, aus seinen Schriften all das zu tilgen, was vor seinem nunmehr geschärften Urteil nicht mehr bestehen konnte. Rabbi Chama war schließlich mit solcher Akribie bei der Durchsicht seiner Werke tätig, daß gegen Ende seines Lebens alles durchgestrichen war, was er vorher mit Fleiß und großer Anstrengung niedergeschrieben hatte. Seine Schüler weinten bitterlich, als er gar sämtliche Schriften im Ofen verbrannte. Der Rabbi aber wurde durch diese Verbrennungsaktion fröhlich wie nie zuvor, und als er das letzte Bündel verbrannt hatte, brach der Sabbat an. Wenig später starb Rabbi Chama.

Seinen Schülern hinterließ er nur einen großen Zettel. Auf diesem hatte er sein Vermächtnis festgehalten: „Der Name, geheiligt sei er!" Und seine Schüler erkannten: Im unaussprechlichen Namen Gottes blieb alles gegenwärtig, was der Rabbi gedacht, gelehrt, gelebt und geglaubt hatte.

Bei vielen geistesgeschichtlichen Vorgängen hat man heute einen oft umgekehrten Eindruck: Was vor dreißig Jahren durchgestrichen wurde, kommt wieder zu neuen Ehren. Die Diskussion um den Pfarrei- und Gemeindebegriff zeigt dies exemplarisch. Ein Überblick über die Gemeindediskussion kann deutlich machen, daß es mit der bloßen Veränderung und dem Austausch von Begriffen nicht getan ist. *Gemeinde* will die *Pfarrei* nicht ersetzen, wie oft behauptet und gefordert wurde, sondern sie will die Pfarrei vitalisieren und dynamisieren.

Die vorliegende Publikation versucht ohne großen wissenschaftlichen Apparat, aber intellektuell redlich und verantwortet, einen Überblick über das Gemeindeverständnis der letzten Jahrzehnte zu geben – eingebettet in exegetische, historische und soziologische Durchblicke.
Das Buch will nicht nur den Studierenden einen Zugang zum Gemeindebegriff eröffnen, sondern auch den Praktikern eine theoretische Vergewisserung ihres Tuns an die Hand geben.

Ich danke den Studenten Thomas Bensmann und Martin Tilles für ihre Mithilfe, Herrn Diplomtheologen Guido Hoernchen für die Auswertung der Pastoralpläne der deutschsprachigen Diözesen und Frau Adelheid Geise, meiner Lehrstuhlsekretärin, für die unermüdliche und unverzagte Erstellung des Manuskripts.

Paderborn, 1996 *Erich Garhammer*

1. Kirche „als" Gemeinde

1.1 Gemeinde als neues Zauberwort der Pastoral

Die *Gemeinde* scheint das neue Zauberwort in der Diskussion um die Kirche zu sein: Was man der Kirche nicht mehr zutraut, wird von der Gemeinde erwartet. Das Enttäuschungspotential über die Kirche kleidet sich in das Hoffnungspotential an die Gemeinde. Dieser Vorgang ist so neu allerdings nicht. So hatte K. Barth schon in seiner „Einführung in die evangelische Theologie" (1962) geschrieben: „Es ist gerade theologisch ratsam, das dunkle und belastende Wort ‚Kirche' wenn nicht gänzlich, so doch tunlichst zu vermeiden, es jedenfalls sofort konsequent durch das Wort ‚Gemeinde' zu interpretieren." Wäre dies das Ziel der Gemeindediskussion, wäre die Bemühung um die Gemeinden ein Scheingefecht nach dem Motto: Wo man die Fakten nicht ändern kann, muß man die Begriffe ändern. Der Begriff der Gemeinde kann nicht die Realität von Kirche ausblenden oder sie euphemistisch verdrängen. Gemeinde ist kein Ersatz von Kirche, sondern ihre Realisierung.

Es soll im folgenden also theologisch und ekklesiologisch verantwortet um den Stellenwert der Gemeinde gehen. Dabei wird deutlich werden, daß sowohl die Theologie als auch die Kirche neu der Besinnung auf diesen *Lebensort* bedürfen, sonst schweben sie im luftleeren Raum und blicken argwöhnisch auf die Gemeinden herab. Theologisches Denken hat ansonsten keinen sozialen Ort, und Gemeinden fühlen sich von der Theologie bedroht.

„Hierzulande sind Kirchengemeinden, weil sie allzu lange nur Rezipienten universitärer Theologie sein durften, des theologischen Denkens entwöhnt. So produzieren sie längst schon keine Theologie mehr, sie können einzig bürgerliche Moral reproduzieren und werden deswegen von der Theologie, die dafür doch die Verantwortung trägt, verachtet ... Ohne sozialen Ort steht theologisches Denken jetzt ... im Abseits ... Heillos gesund überlebt der kirchliche Apparat das Verschwinden Gottes aus ihm. Er hat es nicht einmal bemerkt."[1]

Kurt Marti beschreibt mit diesen zugespitzten Feststellungen drei Beobachtungen (vgl. Skizze 1):

1. Nur allzuoft kommen kirchliche Gemeinden ohne theologische Vergewisserung aus. Der Pragmatismus wird häufig zur neuen „nota ecclesiae". Das einzige, was Gemeinden dann „auszeichnet", ist ihre Produktion von bürgerlicher Moral.

Skizze 1:
Verhältnis von Gemeinde, Theologie und Kirche

Fehlform: unverbundenes Nebeneinander

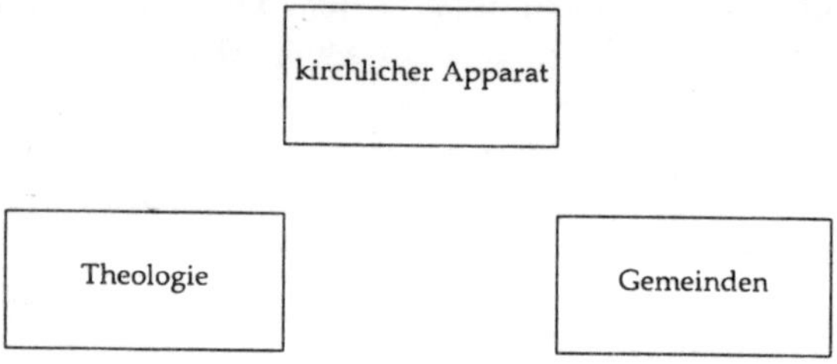

Wunschform: verbundenes Miteinander

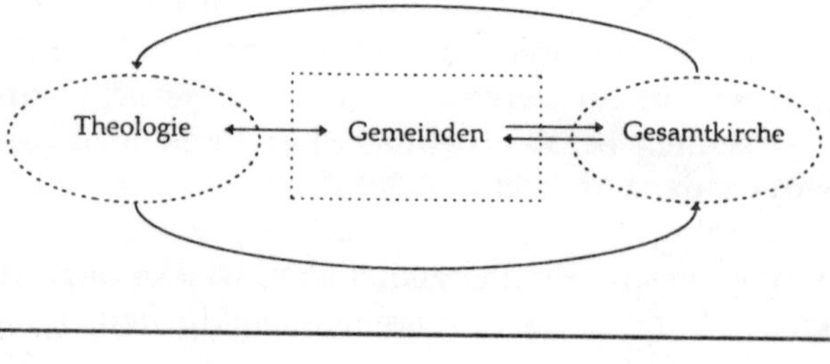

2. Die Theologie wird häufig ohne konkreten Gemeindebezug entwickelt und betrieben: Dadurch neigt sie zu utopischen Theorien, bleibt aber ohne sozialen Ort. Friedrich Nietzsche hatte für den Gelehrten schon gefordert: „So wenig als möglich sitzen; keinem Gedanken Glauben schenken, der nicht im Freien geboren ist und bei freier Bewegung – in dem nicht auch die Muskeln ein Fest feiern. Alte Vorurteile kommen aus den Eingeweiden. Das Sitzfleisch – ich sage es noch einmal – ist die Sünde wider den heiligen Geist. Nur die ergangenen Gedanken haben Wert!" Nietzsche verlangte also für den Wissenschaftler die Konfrontation mit der Wirklichkeit, wenn auch nur in der reduzierten Form des Spazierengehens. Für den theologischen Gelehrten gibt es eine unabdingbare Form der Konfrontation mit der Wirklichkeit: den Gang in die gemeindliche Praxis.
3. Die theologische Schwäche der konkreten Gemeinden und die anämische Schwäche der Theologie schwächen letztlich auch den Leib der Kirche. So bleibt der kirchliche Apparat ohne Gottespräsenz, aber mit heiliger Herrschaft. Es kommt zum Phänomen des von Pfarrer J. Fischer so bezeichneten „ekklesialen Atheismus".[2]
Die Entwicklung der Würde der konkreten Ortsgemeinden könnte hier einen Ausweg markieren. Aber sind nicht auch die konkreten Gemeinden in einem dramatischen Schwächezustand? Sind sie nicht theologischer Reflexion beraubt, durch den Priestermangel in Frage gestellt und durch den Trend zur Individualisierung immer mehr ohne aktive Mitarbeiterinnen und Mitarbeiter?
Die Gemeindetheologie ist sicher nicht das Allheilmittel für die momentane Kirchenkrise: „Gemeinde" ist nicht das Lösungswort für alle Lähmungserscheinungen. Aber sie stellt einen Weg dar, alle Beteiligten auf eine gemeinsame Plattform zu bringen: Theologen ebenso wie Kirchenleitung, Gemeindepfarrer und Kirchenvolk. Wenn heute also die Gemeinde neu entdeckt und Kirche als Gemeinde gesehen wird, so ist nach der Bedeutung des „als" zu fragen. Der Wiener Pastoraltheologe F. Klostermann hat als Konsequenz aus dem letzten Konzil abgeleitet, daß sich die Kirche wesentlich in und als Gemeinde ereignet. Sein Spät-

werk nannte er sogar „Gemeinde – Kirche der Zukunft". K. Lehmann hat in diesem Zusammenhang differenzierend darauf hingewiesen, daß Kirche nicht nur Gemeinde ist, so sehr die Kirche von Anfang an sich immer als Gemeinde verstand. In diesem Buch sollen Möglichkeiten und Grenzen von Gemeindetheologie und Gemeinderealität heute beschrieben werden.

1.2 Zur Methode der Pastoraltheologie

Die Pastoraltheologie kennt als Grundprinzipien ihres wissenschaftlichen Vorgehens die Kairologie und die Kriteriologie. Sie will die Kriterien von Theologie in der jeweiligen Situation und angesichts der jeweiligen Herausforderungen überprüfen. Allgemein verkündeten Wahrheiten steht sie qua methodischem Vorverständnis skeptisch gegenüber, sie will sie immer auch bewähren. Unter diesem Gesichtspunkt wird der Traktat der Ekklesiologie in der Pastoraltheologie zur Gemeindetheologie. Allerdings krankt auch in der Pastoraltheologie die Gemeindediskussion häufig an der Kluft zwischen Realität und Utopie. Die Praktiker in den Gemeinden verzweifeln an dem Vielerlei und manchmal auch der Banalität der Alltagsanforderungen. Neben diesen Alltagsanforderungen und den laufenden Alltagsvollzügen (Kasualien, Schule, Sakramentenvorbereitungen) hat sich mittlerweile ein „zweites Kirchenjahr" herausentwickelt. In der Hauptabteilung „Pastorale Dienste" in Paderborn wurde für 1993 paradigmatisch dieses zweite Kirchenjahr zusammengestellt:

„Das zweite Kirchenjahr" (1993)

Sonntage und Festtage mit besonderen Anliegen, Zwecken oder besonderen Kollekten, Aktionstage, -wochen, besondere Intentionen

1. Januar	Aufgaben der Weltkirche	Kollekte	
3. Januar	Friedenssonntag		
6. Januar	Sternsingeraktion	Straßensammlung	Plakate, Handzettel, Arbeitsmappe, Aktionsart

10. Januar	Afrikatag	Kollekte	Plakate, Materialmappe
17. Januar	Familienseelsorge	Kollekte	Plakate, Materialmappe
31. Januar	Diasporaseelsorge	Kollekte	Plakate, Materialmappe
2. Februar	Frauenseelsorge	Kollekte	
14. Februar	Caritas-Sonntag	Kollekte	Plakate, Materialheft
24. Februar	Aschermittwoch, Aufstellung Fastenopferstock „Almosen Misereor"	Sammlung	Material
28. Februar	1. Fastensonntag: Fastenhirtenbrief des Bischofs		
5. März	Weltgebetstag der Frauen	Kollekte, Liturgie	Plakate, Arbeitshilfe
7. März	Förderung Priesterberufe	Kollekte	
7.–13. März	Fastenwoche KSA	Bewußtseinsbildung	Plakat, Arbeitshilfe etc.
28. März	Misereor-Sonntag	Kollekte	Plakate, Materialmappe, Arbeitshilfen, Aktionsartikel
März	Misereor-Jugendaktion	verschieden	Plakate, Materialmappe, Arbeitshilfen, Aktionsartikel
März	Gebetsaufruf der deutschen Bischöfe für Frieden im ehemaligen Jugoslawien	Intention	Material
2. April	Jugendkreuzweg	Intention	Plakate, Gebetshilfe, Arbeitshilfen
9. April	Für das Heilige Land	Kollekte	
18. April	Auslandsseelsorge	Kollekte	
1. Mai	Seelsorge in Berufs- und Arbeitswelt „Tag der Arbeit"	Aktionsveranstaltung	Plakate, Handzettel, Materialien

2. Mai	„Renovabis"	Kollekte	Plakate, Materialmappe, Arbeitshilfen
2. Mai	Weltgebetstag für geistliche Berufe	Intention	Plakate, Arbeitshilfen
9. Mai	Muttertag		Plakate, Aktionsartikel, Materialmappe
9.–16. Mai	Woche für das Leben	Bewußt-seins-bildung	Plakate, Materialmappe, Aktionsartikel
16. Mai	Diözesansiedlungswerk, Familienheimhilfswerk	Kollekte	
16. Mai	Gebetstag für die verfolgte Kirche		Arbeitshilfe
Mai	Sonntag über Straßenverkehr	Bewußt-seins-bildung	Plakate, Materialheft
23. Mai	Welttag der Kommunikationsmedien	Kollekte	Plakate, Materialheft
um Pfingsten	Besonderer Missionssonntag	Kollekte, Missio-Mitgliederwerbung, Bewußtseinsbildung	Arbeitshilfe, Projektinfos, Aktionsartikel
6. Juni	Förderung Priesterberufe	Kollekte	
13. Juni	Diasporasonntag	Kollekte	Plakate, Materialmappe
Juni	Familienbund: Familientag mit zentraler Veranstaltung	Bewußt-seins-bildung	Plakate, Materialmappe
4. Juli	Für den Heiligen Vater	Kollekte	
25. Juli	Libori-Kollekte für den Dom	Kollekte	Plakate, Werbemittel für Libori-Fest
8. August	Für Maximilian-Kolbe-Werk	Kollekte	
22. August	Für Weltkirche	Kollekte	
12. September	Förderung Priesterberufe	Kollekte	

19. September	Caritas-Sonntag	Kollekte	Plakate, Materialheft,
26. 9.–2. 10.	Woche des ausländischen Mitbürgers		Arbeitshilfe
3. Oktober	Tag der Deutschen Einheit		
	Männerseelsorge	Kollekte	
	Erntedanksonntag: KLJB: Aktion Minibrot	Sammlung	Plakate, Materialmappe, Aktionsartikel
	Diözesantag: Autofreier Sonntag	Bewußtseinsbildung	Materialmappe, Aktionsartikel
24. Oktober	Weltmissionssonntag	Kollekte	Plakate, Handzettel, Materialmappe, Arbeitshilfen, Aktionsartikel, Jugendaktion
30./31. Oktober	PGR-Wahlen	Aktion	Plakate, Handzettel, Materialien
2. November	Priesterausbildung und Seelsorge in Diaspora	Kollekte	
7. November	Pfarrbüchereien	Kollekte	Plakate, Werbemittel
21. November	Außerordentliche Seelsorgezwecke	Kollekte	
28. November	Opferstock Adveniat	Sammlung	
5. Dezember	Jugendseelsorge	Kollekte	
25. Dezember	Adveniat	Kollekte	Plakate, Handzettel, Materialmappe, Arbeitshilfen, Aktionsartikel
26. Dezember	Förderung Priesterberufe	Kollekte	
Weihnachtszeit	Weltmissionssonntag der Kinder	Sammlung	Material, Aktionsartikel

Frühjahr	Caritas-Haussammlung	Haus-sammlung	Arbeitsmittel, Plakate
Herbst	Caritas-Haussammlung	Haus-sammlung	Arbeitsmittel, Plakate
jährlich:			
Erst-kommunion	Diasporaopfer der Kommunionkinder	Sammlung	
Firmung	Diasporaopfer der Firmbewerber	Sammlung	
beliebig	Besonderer Diasporasonntag	Kollekte	
beliebig	Not- und Katastrophenhilfe der Welt	Kollekte	Aktuelle Infos, Werbebriefe
beliebig	Herz-Jesu-Freitage: Brüderlich teilen	Kollekte	
Gemeinde-ebene	Gemeinde- oder Patronatsfest, Schützenfest, besondere lokale Feste	frei	Werbung, Aktionen, Veranstaltungen
	Intentionen: z. B. Kirchenrenovierung	Kollekte	Infos, Werbung
monatlich	„Priesterdonnerstag" = Gebetstag um geistliche Berufe		jährliche Arbeitshilfe
alle zwei Jahre	Katholikentag	Kollekte	Plakate, Materialheft

Wollten die Gemeinden all diese Intentionen erfüllen, kämen sie kaum noch zu eigener Arbeit. Sie hätten Arbeit genug, allein diesen Anforderungen gerecht zu werden. Neben diesen Interventionen von außen ersinnen auch die praktischen Theologen als die von der Gemeinde freigestellten Denker ständig Modelle und neue Anregungen für die Gemeinden. Dieses Hase-Igel-Spiel ermüdet auf Dauer jeden Praktiker.

Die Pastoraltheologie hat m. E. aber eine andere Aufgabe, nämlich sich von den Gemeinden und ihren konkreten und nicht angesonnenen Problemen in die Pflicht des Denkens nehmen zu lassen. Als „Wissenschaft auf der Schwelle" blickt sie nicht nur nach draußen, sondern steht sogar mit einem Bein draußen und stimuliert die theologischen Disziplinen mit den heutigen Fragen der Menschen. Die Pastoraltheologie schleppt die Probleme der Menschen nach drinnen. Sie ist kommunikatives Gedächtnis innerhalb der Theologie und diachrones Gedächtnis in der Gesellschaft. Der heutigen Praxis von Kirche und Gemeinde gilt ihre Sorge. Sie konfrontiert und korrigiert diese mit der Tradition von Kirche und Glaube, um so zu einer verantwortet neuen Praxis zu kommen (vgl. Skizze 2).

Dieser Ansatz soll im folgenden methodisch entwickelt werden: Die neutestamentliche Vergewisserung will zeigen, daß es *die* Gemeinde nicht gibt, sondern eine Pluralität von Gemeinden von Anfang an. Diese sind die Konsequenz aus der Umsetzung der Jesuserfahrung in je unterschiedliche soziale und glaubensmäßige Milieus. Dieser Umformungsprozeß soll bei Paulus, im Matthäus- und Johannesevangelium sowie in den Pastoralbriefen exemplarisch für die anderen neutestamentlichen Schriften aufgezeigt werden.

Der Blick in die Geschichte der Gemeindeentwicklung möchte darauf aufmerksam machen, daß der offene Prozeß des Aushandelns von Gemeindeformen angesichts verschiedener Herausforderungen beendet wurde und sich bald festere Strukturen herausbildeten. Solche Strukturen sind kein „Sündenfall" oder „Abfall" vom Ursprungsereignis, sie werden nur dann zum Problem, wenn sie die durch Jesus angestiftete Erfahrung der Freiheit aktuell nicht mehr möglich machen. Jeder ge-

Skizze 2:
Aufgabe der Pastoraltheologie

meindliche Neuaufbruch will Erfahrungen dieser Freiheit kritisch erinnern und einlösen. Des weiteren soll deutlich werden, welche Gemeindetypen – angestoßen durch Konzil und Synode, aber auch durch aktuelle Herausforderungen – diskutiert werden. Der Blick in die Soziologie möchte gesellschaftliche Umbrüche und die Krise gemeindlicher Sozialformen deuten helfen.

Die pastoralen Konsequenzen schließlich verstehen sich nicht als Handlungsrezept, sondern als vorsichtige Markierungen für künftige Praxis. Einzelne Beispiele von gemeindlichen Aufbrüchen werden beschrieben.

In einem abschließenden Teil sollen dann die Planungen der deutschsprachigen Diözesen exemplarisch vorgestellt werden. Das Jahr 2000 ist von heute aus längst berechenbar, es geht bei den Überlegungen um das Jahr 2010. Dennoch fordert die Epochenschwelle vom 2. ins 3. Jahrtausend nicht nur kurzatmigen Pragmatismus, sondern ein Potential an Visionen, die die konkrete Pastoral im nächsten Jahrtausend stimulieren.

Ein Text zum Bedenken:

Ich träume von einer Kirche, in der die Christen sagen: „Wir sind die Kirche. Das ist unser Glück, daß wir Kirche sind, daß er uns in sie berufen hat, daß er uns als Kirche berufen hat. Und wenn es sein muß, leiden wir in ihr, leiden wir als Kirche, weil wir schwach und sündhaft sind, schuldig werden. Und wenn es sein kann, freuen wir uns, daß der Herr uns jedes Jahr fünf bis zehn weitere Berufene hinzufügt." Ich träume von einer Kirche, in der alle sich als Kirche verstehen. Verräterisch klingt die Formulierung eines hohen kirchlichen Beamten: „Die Frauen müssen Partner der Kirche werden." Partner der Kirche? Gehören sie denn nicht zu ihr? Was soll eine Kirche der Hierarchien? Was soll eine Kirche der Basis? Ist sie nicht zuerst Kirche Gottes, sein Volk? Atheistisch mutet mich eine Kirche an, in deren Kennkarte und Selbst-Verständnis Gott nicht aufscheint, in der – infolgedessen, wie ich meine – die einen mehr, die anderen weniger Kirche sind.

Dabei sind wir ohne Ausnahme alle in gleicher Weise Kirche Gottes, seine Lehensleute, seine Pächter, seine Knechte und

Mägde, alle auf derselben Ebene befindlich. Von den Dienstboten des Bauern hat die alte Landwirtschaftsordnung als von „Ehe-halten“ gesprochen (mit ihrer Arbeit erhalten sie die Ehe des Bauern). Sind wir als Kirche nicht Gottes Ehehalten, die seine Ehe mit der Welt erhalten helfen, diese Ehe, die er zeichenhaft und wirksam eingegangen ist und deren Vorausveröffentlichung wir, die Kirche, sind?

Atheistisch aber scheint mir die Kirche zu sein, die sich selbst behauptet, sich selbst brüstet, sich selbst setzt, die sich nur mit Fragen der Technologie (wie gewinnt man Mitarbeiter und wie betreut man Mitglieder?), nicht aber mit denen der Theo-Logie befaßt. Wen wundert's, daß soviel von Resignation und Verzweiflung die Rede ist? Lebensgefährlich ist es, wenn die Kirche vergißt, daß ihre Mühen von Gott getragen sind und daß seine Wege nicht unsere Wege sind. Wie oft wird die faszinierende, in ihren tödlichen Bann ziehende Kraft des Erfolgs und der Zahl unterschätzt! Wie aber sollte sich das ein eifersüchtiger Gott gefallen lassen können? Und die Angst in der Kirche: Ist sie nicht die großgewordene Tochter des kirchlichen Atheismus? (J. Fischer)

2. Neutestamentliche Grundlegung des Gemeindeverständnisses

2.1 Methodische Klärungen

Ein Blick in das Neue Testament könnte zu dem folgenreichen Fehlurteil führen, in der Hl. Schrift liege die Norm der Gemeinde wie eine platonische Idee schon vor. Immer wieder ist die Bibel als ein solcher Steinbruch für die eigenen Ideen benutzt worden: Die einen haben das Neue Testament in seinem frühesten Stadium für normativ erklärt (biblische Archäologie), die anderen haben das späteste Stadium als unhintergehbares Maß festgehalten (biblisches Evolutionsmodell). Erkenntnisinteresse war für beide Richtungen die Bestätigung der eigenen Position durch die Schrift: Gingen die einen von einem Gemeindeideal ohne Strukturen aus, so die anderen

Skizze 3:
Frühere biblische Hermeneutik

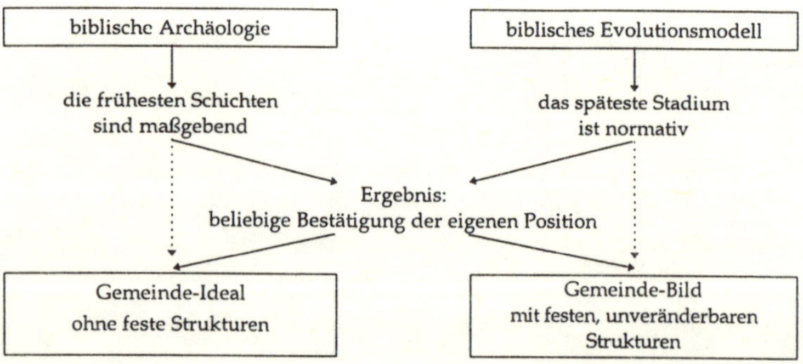

von einem Gemeindebild mit festen und unveränderbaren Strukturen (vgl. Skizze 3).
Für den Pastoraltheologen bleibt die Frage, wie er die unhintergehbare Gültigkeit der Bibel einlösen kann, ohne sie als Steinbruch für eigene Ideen zu mißbrauchen. Für dieses Problem der Applikation, also der Anwendung biblischer Impulse für die konkrete Praxis, hat der Exeget Klaus Berger das Kriterium des religiösen Selbstwiderspruchs vorgeschlagen: Wenn durch praktische Konsequenzen der Ast, auf dem man sitzt, abgesägt wird, wäre dies ein solcher Selbstwiderspruch. Es geht also beim religiösen Selbstwiderspruch um den Verlust der eigenen Identität. Im einzelnen lauten für Klaus Berger die Kriterien der Applikation (vgl. Skizze 4):

1. Auferbauung der Gemeinde, d. h. mutwillige Spaltung christlicher Gemeinde ist ein schweres Vergehen.
2. Heiligkeit, Radikalität und Ehrfurcht: Diese Kriterien öffnen das eigene Leben zugunsten eines größeren Ganzen.
3. Freude: Christsein ist keine traurigmachende Erfüllung von Normen, sondern freudiges Tun.

Für Berger sind dies freilich nicht nur ideelle Kriterien, sie bedürfen der Realisierung durch konkrete Menschen. Deshalb fordert er die kritische Minorität. Darunter versteht er die Verschränkung von Erkenntnis und Existenzform. Demnach

Skizze 4:
Biblische Applikation nach Klaus Berger

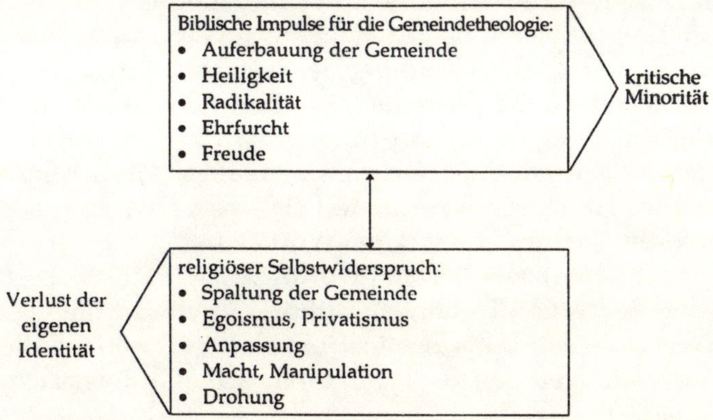

gibt es keine gefahrlose Lektüre der Bibel, sie riskiert auf alle Fälle die Korrektur der eigenen Vorurteile, weil die Bibel in ihrer Fremdheit immer irritierend anders ist als unsere Vorstellungen, unsere Erwartungen und Projektionen. Ferner verlangt die Bibel die Einlösung des Geforderten durch das eigene Tun.

Wenn der Pastoraltheologe die Bibel nach Gemeindemodellen „abhorcht", wird er also zuallererst entdecken, daß die Bibel „merkwürdig" stumm bleibt. Es gibt keine Modelle an sich, sondern gemeindliche Selbstvollzüge mit jeweils spezifischem Verpflichtungscharakter. Nach Klaus Berger hat die exegetische Vergewisserung für die angezielte Praxis verschiedene Funktionen. Es ergibt sich ein Dekalog von wichtigen Einsichten:

1. Die Exegese bringt die Unvereinnahmbarkeit des Anfangs zur Geltung.
2. Exegese mahnt hingebungsvolles Verstehen des Gegenübers an und warnt vor Vergewaltigung des Gesprächspartners.
3. Exegese setzt sich kritisch mit der Wirkungsgeschichte der Schrift auseinander.
4. Aufgabe der Exegese ist es, den oft konfessionell oder parteilich bedingten Streit um die richtige Anwendung durch den Hinweis auf die Relativität jeder Übertragung zu entschärfen.
5. Aufgabe der Exegese ist es, den Reichtum der Schrift gegenüber jeder Vereinnahmung zu verdeutlichen.
6. Die Exegese betont den Charakter des Wagnisses von jeder Auslegung: Die Anwendung der historisch-kritischen Methode bietet keine Sicherheit, sondern führt ebenso in das Wagnis der eigenen Auslegung.
7. Exegese läßt jede Auslegung als vorläufiges Menschenwerk erscheinen: Dadurch verhindert sie eine Verwechslung der eigenen Auslegung mit dem „Wort Gottes".
8. Exegese weist auf die Fragwürdigkeit einfacher Übertragung des Neuen Testaments auf die Gegenwart hin.
9. Exegese ist ein kritisches Instrumentarium, wenn aktuelle Anwendungen gegen wichtige biblische Grundeinsichten verstoßen.

10. Exegese hat ideologiekritischen Wert, wenn sie die Interessen vorherrschender Auslegungen aufdeckt.

Im einzelnen führt Berger aus: Um niemandem die Verlockung zu bieten, sich selbst vorschnell als die „kritische Minorität" zu kanonisieren, ist darauf hinzuweisen, daß es sich bei unserer Darstellung um einen Idealtypus handelt. Und das hat folgende Implikationen: Erstens ist „kritische Minorität" nicht fester Name einer Gruppe, sondern eine Funktion innerhalb von Gesellschaft. Zweitens kann diese Funktion daher unter Umständen sehr schnell den Träger wechseln und kommt nicht einer Gruppe „lebenslänglich" zu. Drittens kann es sein, daß „kritische Minorität" zu sein überhaupt nicht einer bestimmten Gruppe zukommt, sondern nur manchen ihrer Funktionen und persönlichen Eigenschaften, anderen dagegen nicht. Viertens ist die Frage, ob und inwiefern eine Gruppe die Rolle der „kritischen Minorität" wahrgenommen hat, nur immer erst im nachhinein für den Geschichtsschreiber feststellbar.

Welche Opposition „welthistorisch" förderlich war und wirklich verhältnismäßig viel Not gewendet hat, dieses Urteil ist erst post factum möglich. Wenn also auf diesem Wege Innovation auf dem Feld der Applikation geschieht, ergeben sich daraus gleichwohl Konsequenzen für „jetzt": Das Wahrnehmen von kritischem Diskurs und von Verantwortung jetzt trägt dazu bei, daß es so etwas wie kritische Minorität überhaupt geben kann.[3]

Im folgenden soll kritisch gesichtet werden, welche Gemeindevorstellungen bisher in der exegetischen Forschung ermittelt wurden:

1. K. L. Schmidt hat in seinem Artikel „ekklesia" im Theologischen Wörterbuch zum NT (III, 502–539) die Auffassung vertreten, daß jede Gemeinde im Neuen Testament die Kirche darstellt. Er wollte dabei freilich nicht die Einzelgemeinde aufwerten, sondern die Universalkirche der konkreten Gemeinde voranstellen (vgl. Skizze 5).
2. Im Gegensatz dazu hat J. Hainz (Ekklesia. Strukturen paulinischer Gemeinde-Theologie und Gemeinde-Ordnung)[4] die genau entgegengesetzte Auffassung entwickelt: Die Einzelgemeinden sind bei Paulus nicht Konkretion und Darstellung der Jerusalemer Gemeinde, sondern jede Ge-

Skizze 5:
Position von Karl Ludwig Schmidt

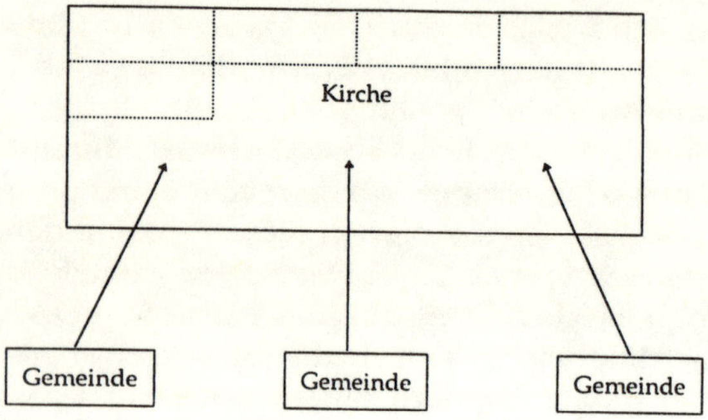

meinde ist für sich „ekklesia tou theou". Die Verbindung der Gemeinden untereinander bezeichnet Paulus mit dem Begriff der „koinonia": Er versteht darunter das Prinzip des sich wechselseitigen Anteilgebens und Anteilnehmens. Nach Hainz konkurrieren in der Urkirche also zwei verschiedene Auffassungen von „Kirche" miteinander: Das *Jerusalemer Kirchenverständnis* war gekennzeichnet von der

Skizze 6:
Position von Josef Hainz

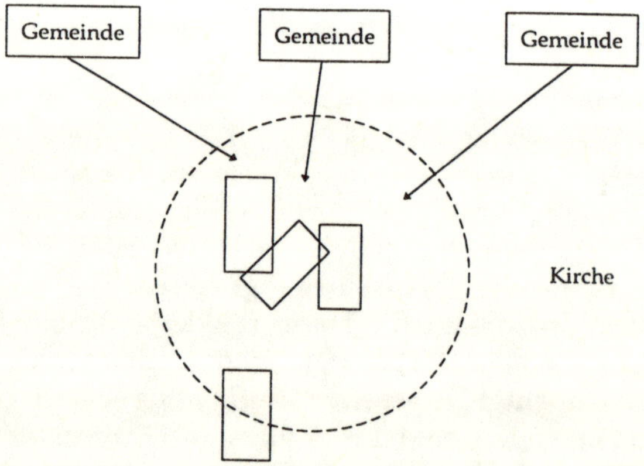

Gegenüberstellung zum alten Volk Gottes. So begriff sich die Jerusalemer Urgemeinde als das neue, eschatologische Israel und entwickelte auf diesem Hintergrund eine homogene Tendenz. *Paulus* dagegen orientierte sich mehr an der konkreten Ortsgemeinde und an dem Modell der *hellenistischen Volksversammlung* (vgl. Skizze 6).

3. Die extremste Auffassung in dieser Pluralismus-Theorie der Gemeindevorstellungen entwickelte E. Käsemann (Exegetische Versuche und Besinnungen).[5] Nach ihm begründet der neutestamentliche Kanon, der gemeindliche und theologische Konflikte nicht harmonisieren wollte, nicht die Einheit der Kirche, sondern die Verschiedenheit der Konfessionen, wie sie heute bestehen. Problematisch ist hier allerdings die Verwendung des Konfessionsbegriffs, weil dieser nachreformatorisch ja ganz etwas Spezifisches meint. Im Neuen Testament geht es – auch wenn die Vielfalt nicht unterdrückt wird – immer um das Bemühen um die Einheit. Wenn man des weiteren davon ausgeht, daß das NT die Idee der Einheit der Gemeinden christologisch und pneumatologisch versteht, dann ist ohnehin eine uniformistische Auffassung von Einheit ausgeschlossen. Genauso ausgeschlossen ist aber auch ein beliebiger Pluralismus.
4. G. Lohfink hat in seinem Buch „Wie hat Jesus Gemeinde gewollt?“[6] die These vertreten, daß es sinnlos sei, nach einem förmlichen Akt der Kirchenstiftung zu fahnden. Die Frage ist ausschließlich, auf welche Weise Jesus Israel gesammelt und wie er sich die Gemeinschaft des wahren Israel vorgestellt hat. Lohfink entwickelt für das Gemeindeverständnis Jesu den Begriff der Kontrastgesellschaft. „In der Bibel ist das Volk Gottes immer als Kontrastgesellschaft verstanden ... Volk Gottes ist jenes Israel, das sich mit seiner ganzen Existenz – und das heißt auch: in seiner ganzen gesellschaftlichen Dimension – von Gott erwählt und berufen weiß“ (vgl. Skizze 7).

   Bei Lohfink macht sich also wieder ein gemeindlicher Monismus breit: Einheit und Vielheit der Gemeinden werden nicht in ihrer spannungsvollen Dialektik gesehen. Die Vielfalt der Bibel wird auf eine normative Idee eingeengt. Dabei ergibt sich eine Verbindlichkeit in der Nachfolge Jesu, die in

Skizze 7:
Position von Gerhard Lohfink

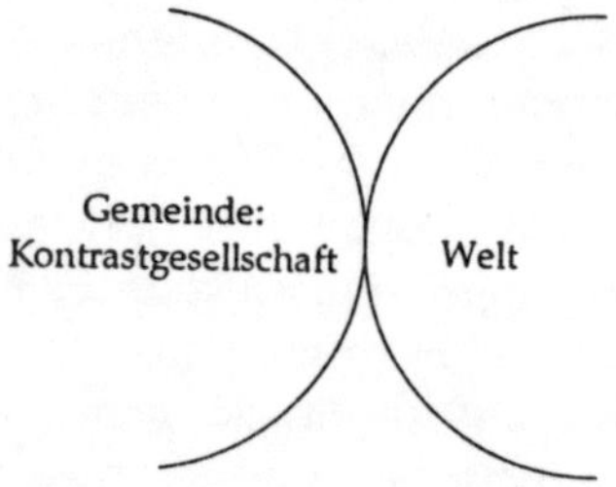

der Gefahr des Rigorismus und des Elitären steht. Lohfink geht dabei in seinem Buch als Kontrastfolie von der Theologie des 19. Jahrhunderts aus, nämlich dem Ansatz von Adolf von Harnack. Dort sieht er einen extremen Individualismus und Subjektivismus am Werk. Dem möchte er entgehen, indem er „vorurteilslos" auf die Bibel zurückgreift. Seine Idee lautet, Jesus hat Israel sammeln wollen; da sich Gesamt-Israel aber verweigert, bindet Jesus das Gottesreich an seine Jüngergemeinde. Dabei geht es ihm um eine neue Familie ohne Vater.[7] Die neue Gemeinde ist Stadt auf dem Berg; zu ihr wallfahrten die Völker (Erfüllung von Jesaja 2). In einem Vortrag in Paderborn zum silbernen Bischofsjubiläum von Erzbischof Johannes Joachim Degenhardt hat Lohfink seine Auffassung noch einmal erläutert: „Wie kann Israel gesammelt werden? Wie kann das endzeitliche Werk Gottes gelingen? Die Antwort des Textzusammenhangs: Es kann nicht durch Theologen gelingen, denen die Kraft zur Unterscheidung fehlt und die selber nicht tun, was sie lehren. Es kann aber auch nicht durch die natürliche Familie gelingen. Diese kann aus ihren Vorstellungen von Familienehre, Ansehen, Versorgung, Vorsorge, glücklich Verheiratetsein, Erhaltung des Blutes, Weitergabe der eigenen Leitbilder nicht heraus. Das heißt, sie kann schon heraus. Aber nur dann, wenn sie sich einfügt in die neue Familie, die Jesus vor Augen hat. Mit der Wahl der Zwölf und ihrem neuen Miteinander schafft Jesus den Anfang und das Maß für die endzeitliche Sammlung Israels. Daß er dabei zwar nicht auf die natürliche Familie setzt, aber eben doch von Brüdern, Schwestern, Müttern und Kindern spricht, zeigt, wie real das Miteinander der Zwölf von ihm gemeint ist. Es ist mehr als eine societas in cordibus, mehr als eine nur geistliche Familie." (G. Lohfink, Die Figur der Zwölf im Neuen Testament.)[8]

5. Zu erheblich anderen Ergebnissen als Lohfink war schon vorher H. J. Venetz in seinem Buch „So fing es mit der Kirche an"[9] gekommen. Er begründete seine Skepsis gegen einen historischen wie auch dogmatischen Biblizismus: Der historische Biblizismus erkläre das Frühere als normativ, das Spätere als einen überflüssigen und zu eliminierenden Zusatz. Der dogmatische Biblizismus dagegen halte gerade die spätesten Entwicklungsstufen im NT für maßgeblich. Es gehe aber vielmehr um eine freie Treue und kreative Traditionsvermittlung. Für Venetz steht die echteste Interpretation der Bibel nicht im allerneuesten Kommentarwerk. Die echteste Interpretation der Bibel ist die Kirche selbst in ihrer Geschichte und in ihrem jetzigen Leiben und Leben, in ihren Aufbrüchen und ihren Umkehrvorgängen.
Die wichtigsten Thesen von Venetz stammen aus der sozialgeschichtlichen Betrachtungsweise der Bibel: Bei dieser Lektüreform geht es mehr um die konkrete Lebenssituation der einzelnen Menschen, nicht so sehr um Ideengeschichte. Der Terminus der „Kontrastgesellschaft" von Lohfink entstammt noch dieser ideengeschichtlichen Reflexion. Die frühjüdische Gesellschaft war jedoch keine uniforme Kontrastgesellschaft, sondern kannte neben den Proselyten, die den Übertritt zum Judentum vollzogen, auch die zahlenmäßig weit häufigeren Sympathisanten. Die Jesusbewegung kennt ebenso zwei ganz unterschiedliche Nachfolgeformen: den Wandercharismatiker, der eine ethische Radikalität vertritt, und die ortsansässigen Sympathisanten, die der anderen Gruppe nicht nur ideell, sondern auch finanziell verbunden war. Von Anfang an also gab es in der Jesusbewegung verschiedene Intensitäten des Kontrastes zur Gesellschaft (vgl. Skizze 8).
Methodisch muß also für unseren biblischen Zugang festge-

Skizze 8:
Position von Hermann Josef Venetz

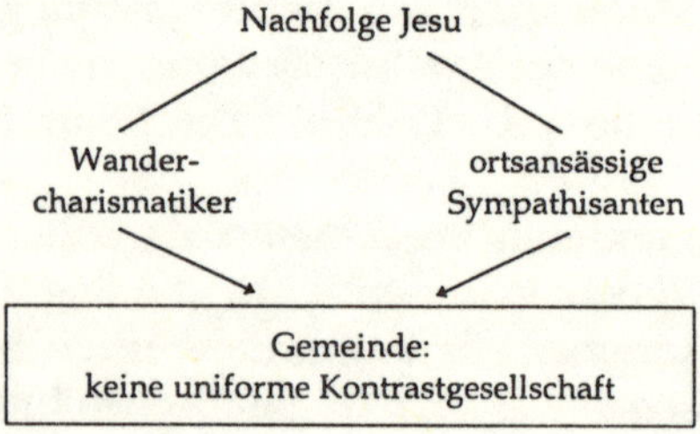

halten werden, daß jeder ekklesiologische und gemeindetheologische Entwurf in einem konkreten Interessenzusammenhang steht. Er versucht, jeweils den eigenen Ansatz an die Jesus-Norm zurückzubinden und auf heutige Herausforderungen zu antworten. Dies war im Grunde auch schon bei den neutestamentlichen Gemeindeansätzen der Fall.

2.2 Die paulinische Gemeindevorstellung

Einen recht „hautnahen" Einblick in die frühe Entwicklung der christlichen Gemeinde gewinnen wir zu Beginn der 50er Jahre des ersten nachchristlichen Jahrhunderts durch die Briefe des Paulus. Paulus repräsentiert einen ganz neuen Typ von Gemeindeleitung, nämlich den Gemeindeorganisator. Die ersten Christen Korinths haben sich in der Form einer Hausgemeinde zusammengefunden. Die Größe der Kleingruppe wurde dabei freilich bald überschritten, so daß organisatorische und gruppendynamische Probleme auftauchten: Es kam zu Spaltungen. Aufgrund von 1 Kor 1,12 können wir von einer Paulus-, Apollos-, Petrus- und Christuspartei sprechen. Diese Gruppen haben wohl auch über eigene Häuser als Stützpunkte ihrer Anschauungen verfügt. Der Konfliktstoff in der Gemeinde war vielschichtig:

1. Besonders aufschlußreich ist der Konflikt um das Herrenmahl (1 Kor 11,17–34). Den Hintergrund der Auseinander-

setzungen bilden soziale Gegensätze: die Armen und Sklaven, die für ihren Lebensunterhalt arbeiten müssen, können zum Gemeinschaftsmahl nichts beisteuern. Sie kommen zudem auch oft später und finden die wohlhabenden Gemeindemitglieder betrunken und vollgegessen vor. Diesen Zustand kann Paulus nicht mehr als Herrenmahl qualifizieren, weil die Egalität der Beziehungen, die Jesus gewollt hat, verletzt wird. Wer so ißt und trinkt, der ißt und trinkt sich das Gericht. Die Lösung des Paulus ist freilich äußerst problematisch: Er verlegt das Sättigungsmahl in die Privathäuser und bewirkt dadurch eine Trennung von Sättigungsmahl und sakramentalem Vollzug. J. A. Jungmann hat dies als die einschneidendste Veränderung an der „Meßfeier" im Lauf ihrer Geschichte bezeichnet.

2. Einen weiteren schwerwiegenden Konflikt stellte das elitäre Verhalten der korinthischen Pneumatiker dar. Paulus griff hier ebenfalls ein und „demokratisierte" und veralltäglichte die Gabe des Geistes. Pneumatisch ist für ihn bereits das einfache Bekenntnis zu Jesus als Kyrios. „Und keiner kann sagen: Jesus ist der Herr!, wenn er nicht aus dem Heiligen Geist redet" (1 Kor 12,3b).
3. Paulus bedient sich für seine Argumentation eines Begriffes, der heute vielfach besetzt ist, im Profangriechisch jedoch völlig indifferent gebraucht und verwendet wurde: Charisma. Die neuzeitliche Rezeption dieses Begriffs ist höchst unglücklich: R. Sohm verband damit eine Art charismatische Anarchie, der Soziologe Max Weber eine außeralltägliche Qualität eines Menschen. Bei Paulus steht Charisma in einem engen Bezug zu dem Wort „Charis" (Gnade). Der göttliche Gnadenerweis ist nach ihm von der Pneuma-Erfahrung nicht zu trennen. Die Charismen sind also im letzten Erscheinungsformen des Geistes. Diesen so gefaßten Begriff des Charismas kann nun Paulus als integratives Modell für seine Gemeinde verwenden. Dabei kann die von ihm entworfene Charismentafel (1 Kor 12) in vier Gruppen untergliedert werden (nach Klauck):

a) *Kerygmatische Charismen:*
Es handelt sich hier besonders um die Verkündigungsdienste.

b) *Ekstatische Charismen:*
Hierunter müssen Wundertun und Zungenreden verstanden werden.

c) *Organisatorische Charismen:*
Sie umfassen die Ordnungs- und Leitungsdienste.

d) *Caritative Charismen:*
Darunter sind alle solidarischen Hilfeleistungen zu zählen. Diese Charismen stehen allerdings nicht einfach unverbunden nebeneinander, sondern werden von Paulus durchaus unterschiedlich gewichtet. So räumt er dem Verkündigungsdienst den Vorrang ein. Das entscheidende Kriterium aber bleibt ihr Beitrag zum Gemeindeaufbau: Charismen als Profilierungsschachzüge oder als Selbstläufer persönlicher Eitelkeit läßt Paulus nicht gelten oder besser: Er kontrastiert sie mit dem Anspruch der Gesamtgemeinde. Die ekstatischen Charismen werden durch die nüchternen organisatorischen und diakonischen Dienste relativiert. Letzte Bezugsgröße, an der die Charismen gemessen werden, bleibt die Liebe (vgl. Skizze 9).

Skizze 9:
Intervention des Paulus in Korinth

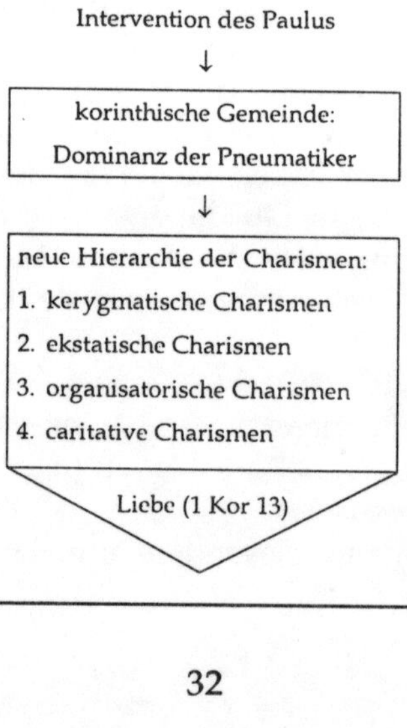

Die besten Charismen sind nicht gemeindeförderlich, wenn sie nicht aus dem Geist der Liebe geschehen (vgl. 1 Kor 13). Hier finden wir in der Argumentation von Paulus handgreiflich das Kriterium des von Klaus Berger so bezeichneten religiösen Selbstwiderspruches angewendet: Eine Gemeinde kann noch so tolle Ideen fabrizieren, wenn sie gegen das Prinzip der Liebe verstößt, bleibt sie hinter ihrem Anspruch zurück.

4. Das Selbstverständnis des Paulus beschränkt sich nicht auf seine Aufgabe als Gemeindeleiter, er begreift sich als Apostel. Er hat einen überregionalen Missionsauftrag zu erfüllen, und in diese Aufgabe und Perspektive ordnet er die Einzelgemeinde ein. Bei all ihrer Eigenständigkeit und dem eigenen Profil der Problemstellungen bleibt somit die korinthische Gemeinde eingebunden in übergreifende Strukturen. Wenngleich zutrifft, daß der Ekklesia-Begriff bei Paulus vorwiegend für die Einzelgemeinde als Kirche am Ort verwendet wird (vgl. die Position von Josef Hainz), so unterläßt er es doch nicht, die Korinther mit dem zu konfrontieren, was andernorts üblich ist (vgl. 1 Kor 4,17; 7,17; 11,16; 16,1). Auch fällt es schwer, an zwei Stellen des Korintherbriefes (10,32 u. 12,28) Ekklesia nur auf die Ortsgemeinde zu beschränken. Die zwischengemeindlichen Beziehungen läßt Paulus durch eine Vielzahl von Mitarbeitern tätigen: Sie reisen bei seiner Abwesenheit zwischen ihm und der Gemeinde hin und her und stellen so den Kontakt zwischen den verschiedenen Gemeinden sicher.
5. Diese Aktivitäten dürfen allerdings nicht übersehen lassen, daß die ekklesiologischen Vorstellungen des Paulus im letzten in seiner Tauftheologie wurzeln: Die neue Identität, die der Christ durch die Taufe gewinnt, hat keinen uniformen Individualismus zur Folge, auch wenn sie egalitäre Beziehungen bewirkt, sondern stiftet eine ekklesiale Realität. Der Leib-Christi-Gedanke bei Paulus bildet keine bloße Metapher für die Gemeinde, sondern ist eine wirkliche Umschreibung des In-Christus-Seins der Getauften (vgl. Gal 3,28b). Die Suche nach Gemeindestrukturen bei Paulus fußt also in einer sakramentalen Sicht von Kirche.

2.3 Die Gemeindevorstellung bei Matthäus

Wenn wir von der These ausgehen, daß das Entstehen der Evangelien keine bloße literarkritische Operation darstellt, sondern daß hier ein seiner Gemeinde verpflichteter Autor die normativen Traditionen des Christseins für seine Gemeinde sichtet und neu bedenkt, dann muß und kann auch nach der konkreten Situation der einzelnen Gemeinden, sprich hier der matthäischen Gemeinde, gefragt werden. Das *Matthäusevangelium* stammt aus einer Zeit, in der sich die judenchristliche Gemeinde an einem Wendepunkt befand: Sie war wohl von den wandernden Boten und Propheten des Menschensohns, die hinter der Logienquelle stehen, gegründet worden und blieb auch in weiterem Kontakt mit ihnen. Matthäus als Mitglied dieser Gemeinde kennt also noch das urchristliche Wanderprophetentum, begegnet ihm aber bereits mit erheblicher Skepsis. So warnt er vor den falschen Propheten (7,15), verurteilt deren Vertrauen auf religiöse Machtdemonstrationen (7,20–22), verbietet den Mißbrauch der missionarischen Berufung zur Bereicherung (10,9) und dehnt die Regel von der gastlichen Aufnahme der Propheten auf alle Gemeindemitglieder aus (10,4f.).

Das Ende der prophetischen Gemeindeverfassung deutet sich hier an, die festere Ortskirche gewinnt allmählich an Struktur. Die maßgebliche Einflußgröße wird nun der Schriftgelehrte. Matthäus hat diesem Schriftgelehrten in seinem Evangelium ein Denkmal gesetzt: Deshalb ist jeder Schriftgelehrte, der belehrt ist in der Himmelsherrschaft, gleich einem Hausvater, der aus seinem Schatz Altes und Neues austeilt (Mt 13,52). Matthäus bejaht also die Wichtigkeit des Schriftgelehrten in der Gemeinde, relativiert aber zugleich seine traditionelle Autorität, die ihm im Rabbinismus zukam. Die scharfe Polemik gegen die pharisäischen Schriftgelehrten (Mt 23) dient als negativer Kontrast für die eigene Gemeinde. In den Versen 8–12 dieses Kapitels 23 wird der christlichen Gemeinde die Anrede „Rabbi“ und „Vater“ regelrecht verboten. Gemeinde ist damit als die Gemeinschaft der Schwestern und Brüder Jesu, also als eine geschwisterliche Gemeinde entworfen.

Dieses geschwisterliche Gemeindebild kommt auch darin zum

Ausdruck, daß die dem Petrus als Garanten der Jesusüberlieferung gegebene Binde- und Lösegewalt (Mt 16,19) auf die ganze Gemeinde übertragen wird: „Amen, ich sage euch, alles, was ihr auf Erden binden werdet, das wird auch im Himmel gebunden sein; und alles, was ihr auf Erden lösen werdet, das wird auch im Himmel gelöst sein" (Mt 18,18). Diese gemeindliche Vollmacht wird christologisch fundiert: „Wo zwei oder drei in meinem Namen versammelt sind, bin ich mitten unter ihnen" (18,20). Das der Gemeinde übertragene Recht des Ausschlusses von Sündern (18,15–17) wird durch die Pflicht zu unbegrenzter Vergebungsbereitschaft begrenzt.
Die Sprache des Evangelisten entwirft keine bloße Utopie, sondern wurzelt im Erlebnis des Gottesdienstes. Dies zeigt der Vergleich mit seinen Vorlagen, in die er redigierend eingegriffen hat. So sind wohl die matthäischen Zusätze im Vaterunser zentrale Begriffe der Gebetssprache seiner Gemeinde. Die Vergebungserfahrung ist keine nur liturgische Praxis, sondern die Alltagserfahrungen von Vergebung werden liturgisch gefeiert und in die liturgische Sprache gehoben. Diese liturgische Sprache stiftet zu neuem, geänderten Verhalten an. Auch in den Abendmahlsworten (26,26–28), die beim Becherwort mit dem Zusatz „zur Vergebung der Sünden" versehen sind, leuchtet die zentrale Bedeutung der Sündenvergebung in der Gemeinde liturgisch auf (vgl. dazu auch Mt 18,21–35: das Gleichnis vom unbarmherzigen Knecht). Die Gottesdiensterfahrung des Evangelisten prägt seine Theologie: Liturgie, Diakonie und Martyrie schwingen ineinander.

2.4 Gemeindeverständnis bei Johannes

Für das johanneische Schrifttum haben die Exegeten und Systematiker ein ekklesiologisches Defizit konstatiert; in ihm werde keine eigentliche Gemeindetheologie entwickelt und die Kirche sei nicht Gegenstand theologischen Interesses. Entsprechend wurde daher die johanneische Gemeinde als Sekte, Konventikel, Randgruppe oder als charismatische Bruderschaft bezeichnet. Damit sind die neuralgischen Punkte dieser Gemeinde angesprochen, auf die sich im Laufe der Kirchengeschichte immer wieder die Propheten einer Liebeskirche sowie

Wiedertäufer und Schwärmer berufen haben. Zeitlich sind die johanneischen Schriften zwischen 80 und 100 n. Chr. anzusetzen. Die johanneische Gemeinde wurde in ihrer Entwicklung von zwei traumatischen Ereignissen geprägt (vgl. Skizze 10):

1. *Ausschluß aus der Synagoge*

Die Erzählung von der Heilung des Blindgeborenen (Joh 9) reflektiert dieses Ereignis. Nach der Katastrophe des Jahres 70 n. Chr. (Zerstörung des Tempels) hat sich das Judentum unter pharisäisch-rabbinischer Führung in Jamnia neu formiert. Man schloß abweichende Strömungen einfach aus und bediente sich dazu des sog. Ketzersegens: Es handelt sich dabei um die Einfügung der Verfluchung aller Ketzer, auch der Christen, ins Achtzehngebet, so daß diese Gruppen dann dieses Gebet ohne Selbstverfluchung nicht mehr mitsprechen konnten. Diesem Druck sah sich die johanneische Gemeinde ausgesetzt, die dadurch viele Mitglieder verlor und andere potentielle nicht mehr gewinnen konnte. Es kam zum Phänomen der heimlichen Sympathisanten (etwa Joseph von Arimathäa, Joh 19,38). Der Bruch mit dem Judentum verstärkte die Besinnung auf die eigenen Identität und die Beziehungen innerhalb der Gemeinde (Liebesethik).

2. *Spaltung innerhalb der Gemeinde*

Die zweite traumatische Erfahrung der Johannesgemeinde war ein Schisma. Die Dissidenten sind wohl in Richtung der gnostischen Lehre abgewandert.

Skizze 10:
Erfahrung der johanneischen Gemeinde

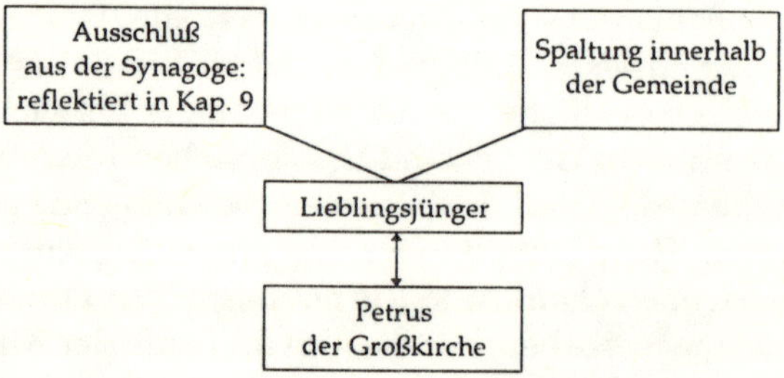

Der missionarische Impuls im vierten Evangelium ist gedämpft. Jesus wird eher als Individualseelsorger dargestellt, der sich um Einzelpersonen bemüht (vgl. Jesus und Nikodemus in Joh 3; Jesus und die samaritanische Frau in Joh 4; Jesus und der Blindgeborene in Joh 9). Das theologische Selbstverständnis der Gemeinde kommt in zwei Gestalten prägnant zum Ausdruck: im *Lieblingsjünger* und im *Parakleten*. Beim Lieblingsjünger handelt es sich wohl um den Gründer der Gemeinde, der in ihr hohes Ansehen genoß. Simon Petrus steht deutlich nach dieser Gestalt (vgl. Abendmahlsbericht, wo der Lieblingsjünger an der Brust Jesu ruht).

Der zweite Interpret der Gemeinde ist die Figur des Parakleten (= Geist der Wahrheit). In ihm verfügt die Gemeinde über einen zweiten autorisierten Ausleger der Jesustradition. Nach dem Tod des Lieblingsjüngers füllt der Paraklet das Autoritätsvakuum. Der Paraklet ist der andere Beistand, Jesus war der erste (Joh 14,16). Der Beistand steht bei Johannes für den Christus von Mt 28,20. Entgegen dem Bild vom Leib Christi bei Paulus kennt das Johannesevangelium den Vergleich des Weinstocks mit den Rebzweigen: Alle sind Rebzweige, jeder Zweig ist direkt mit dem Weinstock verbunden. Es geht also von der Jesusunmittelbarkeit jedes einzelnen Gemeindemitglieds aus.

Die Gestalt des Petrus, die bereits zur Identifikationsfigur mit der „Großkirche" geworden war, wird nicht polemisch verzeichnet, aber doch im Vergleich zu den anderen Evangelien deutlich relativiert. In Joh 13 und 20 kommt dies zum Ausdruck: Bei der Fußwaschung muß sich Petrus nämlich an den Lieblingsjünger wenden, um zu Jesus durchzudringen. Die Perikope vom leeren Grab (Joh 20,1–10) berichtet von einem Wettlauf, wobei der Lieblingsjünger als erster ankommt und einen Blick in die Grabkammer wirft. Er läßt aber Petrus den Vortritt; dieser kommt jedoch über eine Feststellung der Tatsachen nicht hinaus, während dem Lieblingsjünger ein Blick genügt, um zum Glauben an die Auferstehung zu kommen.

Das Nachtragskapitel 21 bringt dann eine Neuakzentuierung: Im Dialog zwischen Jesus und Petrus wird letzterer auf das Modell der Liebe der Johannesgemeinde verpflichtet. Durch den Märtyrertod, der bereits zurückliegt, hat Petrus das Krite-

rium des guten Hirten erfüllt, der sein Leben für die Schafe hingibt. Die johanneische Gemeinde akzeptierte also in dieser Form den Primat der petrinischen Kirche; andererseits versucht sie durchaus, ihre eigenen Traditionen zu wahren. Der Anschluß an die „Großkirche" bedeutet also kein Diktat: Das Akzeptieren der kirchlichen Leitungsstrukturen rückte die johanneische Theologie in den Glaubensschatz der Kirche und sicherte deren Dynamisierung.
Die Grenze der johanneischen Konzeption war der Mangel an Einheit. Ihre Größe aber, die durchaus Impulse für heute bereithält, war der größere Respekt gegenüber der Glaubensgeschichte des einzelnen und die größere Pluriformität der Dienste.

2.5 Gemeindeverständnis in den Pastoralbriefen

Die Datierung dieser pseudopaulinischen Briefe ist zwischen 100 und 130 n. Chr. anzusetzen. Als Testament des Paulus wollen sie in seinem Namen und in seiner Autorität in einer Situation, in der die Gemeinden durch gnostische Irrlehren bedroht sind, strenge Anweisungen für eine verläßliche Kirchenordnung geben.
Das Jesusereignis hatte bei Paulus zur „oikodomé" (Gemeindeaufbau) geführt und wurde nun in den Pastoralbriefen als „oikonomia" (Verwaltung des Hauses) gefaßt. Einzigartig für das Neue Testament ist dabei, daß in diesen Briefen die Gemeinden nicht mehr die direkten Gesprächspartner sind, sondern das Objekt des apostolischen Dialogs. Das kirchliche Amt ist repräsentiert in den Gestalten von Timotheus und Titus: In den Anweisungen des Apostels an sie wird der ideale Amtsträger entworfen. Seine wesentliche Aufgabe besteht in der Weitergabe der normativen Tradition, der „paratheke", der gesunden Lehre. Es geht nicht mehr um ihre Weiterentwicklung, sondern um ihre Bewahrung. Der bei Paulus konstitutive Begriff des Charismas wird nun auf die Amtsgnade eingeengt, die dem Timotheus durch Handauflegung des Presbyteriums vermittelt wird. In 1 Tim 4,14 heißt es in einer Mahnrede an Timotheus: „Vernachlässige nicht das Charisma, das in dir ist, das dir verliehen wurde durch Prophetie unter

Handauflegung des Presbyteriums." Neben dem institutionellen Instrument der Handauflegung bleibt also noch ein charismatischer Impuls gewahrt, da man die Auswahl und Bestätigung geeigneter Kandidaten jeweils der inspirierten Stellungnahme von Charismatikern zutraute.

Dennoch ist das „demokratische" Element des Charismas ziemlich eliminiert. Besonders die Rolle der Frau wird erheblich eingeschränkt, sie wird geradezu diskriminiert.

Ordnung und Funktionen in der Gemeinde sind am Modell der Hausgemeinschaft orientiert. Im Mittelpunkt steht analog dem Bild des Hausvaters der lehrende und leitende Amtsträger. Es fehlen aber die für die frühchristliche Gemeindeparänese typischen Mahnungen zu gegenseitiger Liebe und Unterordnung. Die Kirche als Haus Gottes ist weniger Versammlung der Gläubigen, sondern als institutionelle Größe vorgestellt. Sie ist als eine Wirklichkeit gekennzeichnet, die sich mit Begriffen des sozialen Ordnungsdenkens (Haus, Familie) fassen läßt. Der hier vorgestellte ekklesiologische Ansatz entspringt der Sorge des Verfassers um den Bestand der Kirche: Er kann nur gewahrt werden in der apostolischen Tradition, die durch die amtliche Sukzession garantiert werden soll. Die Gemeinde tritt zurück: Sie wandelt sich zu einer im Gottesdienst betenden und hörenden Gemeinde.

Die Schwerkraft des Institutionellen sowie die Bedrohung durch die Ketzer läßt nun festere Strukturen einer Kirchenordnung entstehen. Diese wird mit der Hausmetaphorik ausgedrückt. Damit war auch der Schritt zum Monepiskopat nicht mehr weit, der als Analogon des Hausvaters entwickelt worden sein dürfte. Vom Bischof der Gemeinde wird ja nun verlangt: „Er soll ein guter Familienvater sein und seine Kinder zu Gehorsam und allem Anstand erziehen. Wer seinem eigenen Hauswesen nicht vorstehen kann, wie soll der für die Kirche Gottes sorgen?" (1 Tim 3,4f.)

Das Gemeindeverständnis in den Pastoralbriefen ist durchaus noch an Paulus orientiert, aber es zeigt sich doch die Sprache einer neuen Epoche: Die Gemeinde ist nun das Gegenüber des Amtsträgers und Objekt seiner pastoralen Anstrengung.

2.6 Gemeindebilder im Neuen Testament

Die im Neuen Testament entwickelten Bilder von Gemeinde haben eine kommunikative Kraft in sich, sie haben damals regelrecht „gezündet“:

1. Das Haus

Paulus spricht beim Gemeindeaufbau von einem Hausbau (oikodomé). Im Epheserbrief – den wir als halbe Wegstrecke zwischen Paulus und den Pastoralbriefen ansetzen dürfen – werden Hausbau und Tempel dann miteinander verknüpft. Die Kirche ist nun ein Haus aus lebendigen Steinen. In den Pastoralbriefen kommt es schließlich zu einer gewissen Statik dieses Bildes. Der Vorteil des Bildes vom Haus ist folgender: Er bietet Konkretion, Heimat, Wurzeln, Geborgenheit und Verknüpfung mit alltäglichen Lebensbeziehungen.

2. Familie

Die Gemeinde wird häufig als die neue Familie Gottes bezeichnet. Die neuen Häuser für diese neue Familie Gottes sind nun die Hausgemeinden; die neuen Verwandten sind alle, die dem heimatlosen Wandermissionaren gastfreundliche Aufnahme gewähren. Der Vorteil dieses Bildes: Aus dem Modell Familie werden nicht die patriarchalen Dimensionen entnommen, sondern die egalitären; es geht um Brüder und Schwestern. Menschliche Nähe, nicht unterordnender Gehorsam ist der neue „Familiengeist“. Gemeinde entsteht nicht durch Übernahme von familiären Strukturen, aber Gemeindebildung muß etwas von dieser Nähe und dem Aufeinanderangewiesensein sowie dem Ernst der Zusammengehörigkeit realisieren.

3. Das Volk

Durch das Zweite Vatikanische Konzil ist gerade dieses Bild in den Vordergrund gerückt. Paulus verwendet „Volk Gottes“ nur in alttestamentlichen Zitaten: Volk Gottes war also reserviert für das Volk Israel. Die Vorteile dieses Bildes sind: Darin kommen die Kontinuität und das Spannungsverhältnis zum Volk Israel zum Ausdruck, ferner eine sichtbare Sozialgestalt, die aber dennoch jeden Nationalismus und Gentilismus überschreitet. Ferner wird deutlich, daß das Volk Gottes unterwegs ist, auf Wanderschaft in einer Weggemeinschaft zusammengeschlossen.

4. Die Bürgerversammlung

Dieser Begriff Bürgerversammlung „ekklesia" kommt im Neuen Testament 114mal vor. Zunächst handelt es sich einfach um eine Übersetzung aus Deuteronomium 23,2–9. Die Versammlung des Herrn wird als Sinaigemeinde bezeichnet. In der Septuaginta wird diese Versammlung als „ekklesia" übersetzt. In Korinth erinnert man sich mit diesem Begriff freilich an die eigene Bürgerversammlung: Darin waren aber nur 10% der Stadtbevölkerung erfaßt. Die Vorteile dieses Begriffes „ekklesia" sind also: Es kommt ein Öffentlichkeitscharakter der Gemeinde darin zum Ausdruck, keine bloße Randexistenz. Es wird deutlich als ein Modell gesellschaftlicher Integration bezeichnet, auch Zugereiste und Deklassierte haben darin Platz. Ferner wird das Leben der Gemeinde zwischen Proexistenz und Kontrastverhalten angedeutet. Gemeinde ist immer in der Welt, aber auch über diese Welt hinausragend.

5. Der Leib

Paulus greift in 1 Kor 12 eine antike Fabel auf: Menenius Agrippa freilich verfolgte mit seiner Fabel eine eindeutig politisch konservierende Absicht mit dem Zweck der Legitimation der Vorherrschaft der Patrizier. Im Christusleib dagegen sind die faktischen Klassengegensätze aufgehoben (es gibt nicht mehr Juden und Griechen, nicht mehr Mann und Frau, Sklave und Freie, sondern alle seid ihr einer in Christus). Die Aufhebung von sozialen Diskriminierungen sollen also in der eigenen Gemeinde erfahrbar werden. Dadurch wird Gemeinde zur Kontrastgesellschaft.

6. Gemeinde als Rebzweige

Das Bild des Johannes, der Christus als Weinstock bezeichnet, die Glaubenden als Rebzweige, verzichtet auf jegliche vertikale Verbindung. In diesem Bild wird der Trend zur Individualisierung und zur Einzelbegegnung deutlich. Es werden die Freiheit und die Würde des einzelnen gezeichnet, die Unmittelbarkeit und die Direktheit der Christusbeziehung kommen zum Ausdruck, die relative Unabhängigkeit von kirchlichen Leitungsinstanzen wird angedeutet.

Skizze 11:
Zusammenfassung der Gemeindebilder im Neuen Testament

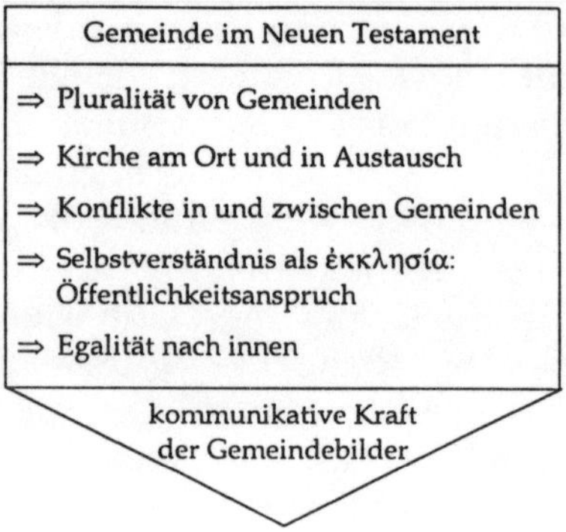

Wir können also zusammenfassend feststellen, daß die neutestamentlichen Bilder von Gemeinde vielfältig sind. Es gibt:
- Gemeinde als Lehr- und Lerngemeinschaft (Matthäus)
- Gemeinde als Freundschaftsmodell (Johannes)
- Gemeinde als Hausbau (als Baustelle bei Paulus)
- Gemeinde als Haus (Pastoralbriefe)

Die neutestamentlichen Gemeindebilder können also zur Auferbauung von Gemeinde auch heute beitragen, zur Heiligkeit und Radikalität der Jesusnachfolge ermuntern und ein freudiges Tun in der Nachfolge bewirken (vgl. Skizze 11).

2.7 Zusammenfassung

Die neutestamentlichen Zusammenhänge haben folgendes deutlich gemacht:

1. Es gibt von Anfang an eine Pluralität von Gemeindeformen im Neuen Testament. Und dennoch gibt es immer auch die Bemühung um die Einheit im Glauben. Diese Einheit gründet letztlich in der Tauftheologie und im Bewußtsein, in Christus zu sein und zu wurzeln.
2. Gemeinde meint immer zunächst Kirche am Ort, aber auch Austauschbeziehung nach außen. Gemeinde ist also Kirche am Ort und immer mehr als Kirche am Ort.

3. Konflikte in den Gemeinden gibt es von Anfang an: Beispiele sind Korinth; aber auch der Konflikt der Johannes-Gemeinde mit der petrinischen Großkirche.
4. Der Dual von Amt und Gemeinde ist von Anfang an spannend: Das Amt ist dabei stets mehr als nur eine Aufgabe der Organisation, die Gemeinde ist immer mehr als ein bloßer Amtsbezirk.
5. Der Rückbezug auf das Neue Testament will weder einen dogmatischen noch einen archäologischen Biblizismus bewirken. Vielmehr soll darin deutlich werden: Der Gemeindeaufbau (oikodomé) ist stets neu eine herausfordernde Aufgabe (Ekklesiogenese).
6. Die christlichen Gemeinden wählen für sich den Begriff „ekklesia" als Selbstbezeichnung und keinen Ausdruck für einen Kultverein. Nach außen sahen die Gemeinden solchen Kultvereinen ähnlich. Der Ausdruck „ekklesia" (Bürgerversammlung) zielt also auf Öffentlichkeit und meldet einen öffentlichen Anspruch an.
7. Die egalitären Beziehungen in der Gemeinde wichen freilich bald dem Druck der Außenwelt: Ein signifikantes Beispiel dafür ist das Schweigegebot für die Frauen. Im 1 Kor 14,33–36 heißt es: „Wie in allen Gemeinden der Heiligen sollen die Frauen in den Gemeindeversammlungen schweigen, denn es ziemt sich nicht für sie zu reden; sondern sie sollen sich unterordnen, so wie es auch das Gesetz sagt. Wenn sie aber etwas lernen wollen, sollen sie zu Hause die eigenen Männer fragen, denn es ist schändlich für eine Frau, in der Gemeindeversammlung zu reden. Oder ist von euch das Wort Gottes ausgegangen, oder ist es alleine zu euch gelangt?"
   Diese Textpassage ist wohl eine spätere Interpolation in die Paulus-Briefe: Paulus hat ja im 11. Kap. des Korinther-Briefes das Problem der richtigen Haartracht oder der Kopfbedeckung von Frauen und Männern im christlichen Gottesdienst behandelt. Die paulinische Lösung ist so negativ besetzt, daß meistens die positive Aussage, die sich dahinter verbirgt, überlesen wird. Es heißt nämlich in Kap. 11, Vers 4: „Jeder Mann, der laut oder prophetisch redet" und parallel dazu „jede Frau, die laut betet oder prophetisch redet". Dies

bedeutet nun aber: In der Gemeindeversammlung von Korinth können Frauen genauso wie Männer aufstehen, das Wort ergreifen, ein lautes Gebet sprechen oder prophetisch reden, ohne inhaltliche Einschränkung. Die Vorbehalte, die Paulus äußert, beziehen sich ausschließlich auf die Haartracht oder die Kopfbedeckung, nicht aber auf das Auftreten als solches und auch nicht auf dessen Inhalte. Paulus wendet sich also nicht gegen das öffentliche Reden von Frauen im Gottesdienst.

Die Aussage über das Schweigegebot der Frauen kann also nur eine spätere Einfügung sein. Als Erklärung bietet sich an: Der Redaktor der Paulus-Briefe könnte beim Zusammenfügen der korinthischen Korrespondenz zu den beiden kanonischen Briefen um 100 n. Chr. diese Glosse eingefügt haben. Es könnte sich aber auch um eine spätere Glosse eines Lesers am Rand des Textes handeln, die später in den Text eindrang. Es findet sich nämlich eine ganz ähnlich lautende Stelle in 1 Tim 2,11f.: „Die Frau soll sich still verhalten und sich in aller Unterordnung belehren lassen. Zu lehren aber erlaube ich der Frau nicht, auch nicht, sich über den Mann zu stellen, sondern sie soll in Schweigen verharren." Die Pastoralbriefe, zu denen 1 Timotheus zählt, sind zeitlich aber kaum vor 100 n. Chr. anzusetzen. Insofern verweist die Stelle in etwa auf das gleiche zeitliche und kirchenpolitische Milieu, das für die vermutete Interpolation des Schweigegebotes in 1 Kor 14 verantwortlich gemacht werden kann.

8. Die neutestamentlichen Gemeindebilder zeigen also: Die ersten Christen haben sowohl die Potenz vorhandener Bilder genutzt und neu akzentuiert; sie haben aber auch neue Bilder gefunden. Dieses Ergebnis weist uns in eine Richtung, nämlich die alten Bilder von Gemeinde immer wieder auszuschöpfen, aber stets auch auf der Suche nach neuen zu sein.

3.
Historische Entfaltungen
Von der Gemeinde zur Pfarrei – eine Sackgasse?

Die geschichtliche Betrachtung von Pfarrei und Gemeinde hat nicht den Zweck herauszufinden, wie es eigentlich gewesen ist (Historismus), sondern darzustellen, wie sich das Gemeindeverständnis im Laufe der Jahrhunderte angesichts der jeweiligen Herausforderungen geändert und modifiziert hat. Dieser diachrone Zugang zum Phänomen „Gemeinde" beabsichtigt aber auch keinen methodischen Relativismus, sondern soll vielmehr das Ineinander von Norm und Situation erhellen. Jeder Zeit bleibt die Aufgabe gestellt, die Bewahrung der Ursprungsnorm in der konkreten Situation zu leisten. Papst Paul VI. hat auf dieses Dilemma tiefgründig hingewiesen: „Der Bruch zwischen Evangelium und Kultur ist ohne Zweifel das Drama unserer Zeitepoche, wie es auch das anderer Zeitepochen gewesen ist."[10] Es ist bemerkenswert, daß dieser Satz von Paul VI. zwar häufig zitiert wird, aber meist verkürzt um den letzten Teil. Die Spannung von Evangelium und jeweiliger Kultur ist also für jede Zeitepoche – natürlich auch für die momentane – eine unhintergehbare Herausforderung.

Geschichtliche Betrachtung hat somit nicht den Sinn aufzuzeigen, daß es immer schon so war, sondern sie stellt dem aktualistischen Absolutheitsanspruch des Faktischen die Variabilität des Historischen gegenüber. An den unterschiedlichen Ausformungen des Gemeindeverständnisses im Laufe der Jahrhunderte kann man also studieren, wie christliche Tradition und konkrete gesellschaftliche Verhältnisse einander beeinflussen und verändern. Somit kann aus der Geschichte durchaus gelernt werden; allerdings nicht wie es heute konkret zu machen ist, sondern welche Handlungsalternativen auch für uns heute möglich sind.

3.1 Die Zeit der Gemeinde (1.–6. Jahrhundert)

3.1.1 *Die Urkirche*

Das Leben der „Urgemeinde" zu rekonstruieren, ist nicht möglich. Was in der Apostelgeschichte (2,43–47) berichtet wird, ist ja nicht einfach Realität, sondern ein entwickeltes Ideal, auf dem Hintergrund von zahlreichen Konflikten. Von Beginn an existierte die Kirche als Gemeinschaft von Gemeinden. Diese Gemeinschaft wurde nicht nur als ideeller Anspruch verstanden, sondern in der Idee der „communio" auch eingelöst. Damit ist nicht nur eine bloß geistige Verbundenheit der Gemeinden zu verstehen, sondern in einem sozial einzulösenden Sinn die Gemeinschaft, in der man einander Anteil gibt und nimmt. In diesem Sinn ist es zu verstehen, daß Paulus dieses Wort „communio" für eine finanzielle Aktion in Anspruch nehmen kann, nämlich die Geldkollekte, die er in Mazedonien und Griechenland für die in Not geratene Gemeinde in Jerusalem veranlaßt hat (Röm 15,26). Es ist aufschlußreich, wie häufig und mit welcher Betonung Paulus in seinen Briefen immer wieder diesen Vorgang erwähnt (1 Kor 16,1–4; 2 Kor 8; 9; Gal 2,10). Er sieht darin nämlich keineswegs ausschließlich eine karitative Hilfsmaßnahme, sondern einen wesentlichen Vollzug von Kirche als einer Austauschgemeinschaft. Geld und Evangelium sind also durchaus kompatible Größen. „Denn wenn die Heiden an ihren geistlichen Gütern (gemeint sind die Jerusalemer Christen) Anteil erhalten haben, so sind sie auch verpflichtet, ihnen mit irdischen Gütern zu dienen" (Röm 13,27). Die Geldsammlung ist also die materielle Konsequenz, das Real-Symbol der Glaubensgemeinschaft.

Die Kommunikation der Gemeinden untereinander hat somit geistlichen Austausch zur Folge, der bis in soziale Konsequenzen hineinreicht. Mit dem Schicken von Geld verbindet man einen Ausdruck des eigenen Glaubens sowie die Dankbarkeit für die Ursprungsgemeinde, aus der man das Evangelium empfangen hat.

Der Austausch der frühen Gemeinden erfolgte auch und nicht unwesentlich durch *Briefverkehr*. Sowohl für das private Leben der einzelnen Christen wie für gesamtkirchliche Vorgänge gab es den Brauch, den Reisenden Empfehlungsschreiben mitzugeben, in denen die Gemeindezugehörigkeit bestätigt wurde. Diese Pässe gewährten den Inhabern große Vorteile, denn sie wurden überall, wo es Christen gab, als Brüder und Schwestern aufgenommen und umsonst beherbergt. Diese Gastfreundschaft als Erkennungsmerkmal der christlichen Gemeinden hatte eine große Strahlkraft. Freilich war sie auch dem Mißbrauch ausgesetzt. So entwickelte die *Didache* genaue Regeln für die Gastfreundschaft einer Gemeinde: „Jeder, der im Namen des Herrn kommt, soll aufgenommen werden; dann aber sollt ihr ihn prüfen und euch Kenntnis über ihn verschaffen: denn ihr werdet schon wissen, was rechts und links ist. Wenn der Ankömmling auf der Durchreise ist, helft ihm, soviel ihr könnt. Er soll aber nur zwei oder, wenn es nötig ist, drei Tage bei euch bleiben. Wenn er sich aber bei euch niederlassen will und ein Handwerker ist, soll er arbeiten und sich (so) ernähren. Wenn er aber kein Handwerk hat, sollt ihr eurer Einsicht entsprechend Vorsorge treffen, daß ein Christ nicht müßig bei euch lebt. Wenn er sich aber nicht danach richten will, ist er einer, der mit Christus Geschäfte macht. Hütet euch vor solchen!"[11]

Für die einzelnen Gemeinden war es also nicht einfach, die christlichen Missionare von den Bettelmönchen der Antike – so nannte man die kynischen Wanderphilosophen – zu unterscheiden. Mantel, Stab und Tasche waren deren Erkennungszeichen. Vermutlich ist der Hinweis der Logienquelle, auf Tasche, Mantel und Stab zu verzichten, auf diesem Hintergrund zu verstehen (vgl. Lk 9,3). Auch das Verbot des Grußes könnte damit zusammenhängen, nicht mit den kontaktfreudigen und volksbelehrenden Kynikern verwechselt zu werden. Der Spott der heidnischen Satiriker auf die Gutgläubigkeit der christlichen Gemeinden ließ nicht lange auf sich warten. So beschreibt Lukian von Samosata die Christen als naive Menschen, mit denen Betrüger ein leichtes Spiel hätten: „Kommt nun bei ihnen (den Christen) ein Schwindler und betrügerischer Mensch vorbei, der weiß, wie's gemacht wird, so ist er, ehe man sich's versieht, in kurzer Zeit reich geworden und lacht die einfältigen Leute aus." Bezeichnend für die Reaktion der Christen auf diese Mißbräuche ist, daß sie nicht die Gastfreundschaft reduzieren, sondern nun zu differenzieren beginnen: Den Durchreisenden soll die Gemeinde für zwei, maximal drei Tage jedwede Unterstützung zukommen lassen. Wer sich in der Gemeinde niederlassen will, muß für seinen Lebensunterhalt arbeiten: Wer dies ablehnt, gilt als Geschäftemacher unter dem Deckmantel des Namens „Christi".

Im 2. Jahrhundert berichtet *Tertullian* aus Karthago (um 160–220), wie wichtig das bestehende Kommunikationsnetz der Gemeinden untereinander für das konkrete und gläubige Erleben von Kirche war: „So sind denn die vielen Kirchen, weil aus der einen entstanden, selbst die Urkirche. Alle sind die ursprüngliche, alle sind apostolisch; denn alle beweisen ihre Einheit, denn sie haben die Gemeinschaft des Friedens, den Namen der Brüderschaft und die Briefgemeinschaft der Gastfreundschaft."

3.1.2 *Die frühchristlichen Hausgemeinden*

Als Kennzeichen der Gemeinde in dieser Phase kann die Mobilität mit Stabilitätszonen bezeichnet werden. Kirche ist nicht nur Ortsgemeinde, sondern eine Bewegung und Reisegemeinschaft. Durch Boten und Gäste wird der Kontakt zwischen den Gemeinden untereinander aufrechterhalten. Die Gastfreundschaft ist auszeichnendes Merkmal der Gemeinde, Organisationsmomente sind nur auf das notwendige Minimum beschränkt. Anlehnungen in der Struktur finden statt an die jüdische Haussynagoge. Die christliche Mission setzte ja auch im Umkreis der *Synagoge* ein und verzeichnete ihre ersten Erfolge unter den „Gottesfürchtigen", den heidnischen Sympathisanten mit dem Diaspora-Judentum. Für sie war das Christentum als ein entgrenztes Judentum ohne Beschneidung und Gesetz besonders anziehend. Auch rechtliche Vorteile ließen sich daraus ziehen: So konnten im Schatten der privilegierten jüdischen Religion die neu entstehenden christlichen Gruppen geschützt existieren und ihr Eigenleben entwickeln. Die andere wichtige Organisationsform, an die man sich anschloß, war der private *Kultverein*. Nicht vom Selbstverständnis, aber von ihrem Aussehen her haben die Gemeinden wohl den antiken Kultvereinen ähnlich gesehen, in deren Mittelpunkt das Vereinshaus für Versammlungen, Beratungen, Opferfeiern und Vereinsmähler stand.

Als der große Vorteil der christlichen Gemeinde gegenüber allen missionierenden Bewegungen, Mysterienzirkeln, religiösen Konventikeln und philosophischen Schulen erwies sich ihre Botschaft von der *Geschwisterlichkeit*, die in dieser Zuspitzung keine Parallelen hatte. Wohl wurde sie in der Theorie auch von der Stoa vertreten, in der Praxis aber vornehmlich im Christentum realisiert. Dieser einladende Grundzug, der besonders für die Leute der Unterschicht erfahrbar war, führte den Gemeinden einen Großteil ihrer Anhänger zu. Das Klassensystem der Antike wurde in den christlichen Gemeinden aufgebrochen und in eine egalitäre Heilsbeziehung umgewandelt. Die historischen und sozialen Vorgegebenheiten der antiken Welt konnten natürlich von der kleinen Schar der ersten Christen nicht auf einen Schlag verändert werden. Aber im eigenen Binnenraum wurden die gesellschaftlichen Schranken abgebaut und die Herr-Knecht-Verhältnisse in der christlichen Bruderschaft transformiert. Grundsätzlich standen die Hausgemeinden den Neubekehrten aus allen sozialen Schichten offen. Ihre Einschränkungen waren nicht durch den Wunsch nach Elitebildung bedingt, sondern ausschließlich durch Sachzwänge, so einmal durch die begrenzte Kapazität eines Wohnhauses als auch durch das Gesetz der funktionsfähigen Gruppe.

Die zu christlichen Hauskirchen umgebauten Privathäuser sind heute durch archäologische Funde nachgewiesen und vermitteln somit einen aufschlußreichen Einblick in das Leben damaliger Gemeinden. Besonders bekannt ist vor allem die Hauskirche in Dura-Europos. Diese berühmteste aller Hauskirchen wurde erst 1932 bei Ausgrabungen in dieser römischen Garnisonsstadt und Grenzfestung am mittleren Euphrat wiederentdeckt. Sie ist nichts anderes als ein geräumiges Privathaus, das man durch wenige Eingriffe für seine neuen Aufgaben adaptierte. Der Hauptwohnraum wurde durch Niederreißen einer Trennwand so erweitert (auf ca. 5,15 x 12,65 m), daß er Platz für etwa 60 bis 70 auf Matten gelagerte Personen bot. Im Hof mauerte man die Latrinengrube zu, zog neue Bänke ringsum ein und schuf so weitere Sitzgelegenheiten. Vor allem aber hat man einen kleineren Raum durch Anbringen eines Taufbeckens und durch Wandmalereien mit biblischen Motiven zum Baptisterium ausgestaltet. Die Hausgemeinde war demnach nicht identisch mit einer Familie, wohl aber wurde das Potential der Familie (hohe Interaktionshäufigkeit, persönlicher Kontakt, effektive Beziehungen, gemeinsame Zielvorstellungen) für die Gemeinde nutzbar gemacht. Die Versammlung im nichtkultischen Wohnraum konnte zudem eine intensive Lebensnähe aller Glaubensäußerungen gewährleisten.

Die Hausgemeinde hat jedoch die ersten Jahrhunderte nicht überdauert. Die Gründe sind vielschichtig: Zum einen sprengte die wachsende Zahl der Gläubigen die engen räumlichen Grenzen. Zudem waren dann andere, effizientere Formen der Organisation erforderlich. Erst unsere heutige Erfahrung der Minoritätssituation von Christen stimuliert die Rückbesinnung auf diese Gemeindeform, die ihre Lebensfähigkeit mehr durch die innere Aneignung des Glaubens und dessen soziale Transparenz als durch nominale Zugehörigkeit unter Beweis stellte. Die Bedeutung der Hausgemeinden kann für das Urchristentum nicht hoch genug veranschlagt werden. Sie waren Gründungszentrum und Baustein der Ortsgemeinde, Stützpunkt der Mission, Versammlungsstätte für das Herrenmahl, Raum des Gebets, Ort der katechetischen Unterweisung und Ernstfall der christlichen Geschwisterlichkeit.

Hausgemeinde heute

„Es ist ein gutes Zeichen für die Kirche, wenn sie die alten Wörter der Bibel zum Leben erweckt oder sich von diesen Wörtern zum Leben erwecken läßt. Manchmal geschieht es allerdings, daß ein solches Wort aus seinem Kontext herausgerissen und ihm ein Sinn unterschoben wird, den es in der Bibel gar nicht hat. Dann kann es zum Kristallisationspunkt einer jener sanften Entstellungen werden, die anscheinend Biblisches zum Zuge bringen, in Wirklichkeit aber weit von der Bibel wegführen. Eine solche semantische Verbiegung bahnt sich zur Zeit bei dem Wort Hauskirche an", so hat der Neutestamentler Gerhard Lohfink festgestellt (G. Lohfink, Die christliche Familie – eine Hauskirche?).[12] Für diese sanften Entstellungen trägt Lohfink folgende Beobachtungen zusammen: Das Zweite Vatikanische Konzil hatte die christliche Familie

im Dekret über das Apostolat der Laien (AA 11) ein „häusliches Heiligtum" und in der Dogmatischen Konstitution über die Kirche „eine Art Hauskirche" (LG 11) genannt. Seither haben sich die Päpste und viele Bischöfe diesem für kirchliche Dokumente völlig neuen Sprachgebrauch angeschlossen.
Vor allem Papst Johannes Paul II. greift in seinen Reden und Ansprachen immer wieder den entsprechenden Passus der Kirchenkonstitution auf. Den vorläufigen Höhepunkt dieser Entwicklung stellt sein Apostolisches Schreiben „Familiaris consortio" vom 22. 11. 1981 dar. Darin wird die christliche Familie nicht weniger als zehnmal als „Hauskirche" (ecclesia domestica) definiert. Diese Bezeichnung ist dem Papst zwischenzeitlich schon so griffig geworden, daß er es einfach an die Stelle von „christliche Familie" setzt. Die viel vorsichtigere und behutsamere Formulierung des Konzils (familia ... in hac velut Ecclesia domestica) wird im päpstlichen Schreiben aufgegeben. Dadurch kommt es zu einer eigenartigen Verkürzung: „Hauskirche" ist nur die Familie, nichts anderes. Der neue Sprachgebrauch scheint – wie bei allen großen Wörtern, die plötzlich zu Leitwörtern werden, einen konkreten und benennbaren Hintergrund zu haben: Es ist wohl die bedrängende Erfahrung, daß in einer entchristlichten Welt die Weitergabe des Glaubens an die nächste Generation immer schwieriger und dramatischer wird. Müßte nicht in dieser Situation der christlichen Familie als Glaubenstradentin die maßgebende Rolle zugeschrieben werden? Die gläubige Familie ist dann geradezu als Urzelle der Kirche prädestiniert, die als „Kirche im kleinen" die große Kirche widerspiegelt und die Existenz und Entwicklung der Gesamtkirche garantiert (Familiaris consortio 49,51).
Bischof Rudolf Graber, der in seinem Buch „Die Familie als häusliches Heiligtum"[13] alle lehramtlichen Äußerungen über die Familie als Hauskirche gesammelt hat, formuliert ähnlich: „Die Überlebenschance der Kirche von heute liegt nahezu ganz in den Hauskirchen."[14] Diese These ist insofern aufschlußreich, weil hinter ihr deutlich eine pastorale Gesamtkonzeption steht. Sie zeigt aber auch sprachlich noch einmal an, wie austauschbar die Begriffe „christliche Familie" und „Hauskirche" in einem bestimmten kirchlichen Soziolekt in-

zwischen geworden sind. Gerade deshalb müsse – so Lohfink – in aller Direktheit und Deutlichkeit gesagt werden: Der neue Sprachgebrauch kann sich nicht auf die Bibel berufen – sosehr seine Propagatoren dies wünschen und auch behaupten, hier sei ein biblischer Begriff wiederentdeckt worden. Wie aber sieht der neutestamentliche Befund wirklich aus?

Lohfink faßt seine diesbezüglichen exegetischen Erkenntnisse so zusammen:

1. Es gibt im Neuen Testament eine Vielzahl von Stellen, aus denen sich direkt oder indirekt ergibt, daß sich die christlichen Gemeinden in Privathäusern versammelten, um dort ihre Gottesdienste und vor allem das Herrenmahl zu feiern. Das Privathaus, das wohlhabende Glieder der Gemeinde ihren Mitchristen zur Verfügung stellten, sei dann bis ins 3. Jahrhundert hinein der normale Versammlungsort der Christen geblieben. Insofern könne man die Gemeinden der frühchristlichen Zeit allesamt als „Hausgemeinden" bezeichnen.
2. Es existieren im Neuen Testament nur vier Stellen, an denen explizit von einer „Hausgemeinde" bzw. „Hauskirche" gesprochen wird. Sie treten ausschließlich im paulinischen Schrifttum auf und beziehen sich auf drei konkrete Hausgemeinden, nämlich die von Priska und Aquila (Röm 16,5; 1 Kor 16,19), die von Philemon (Phlm 2) und die von Nympha (Kol 4,15). Nun läßt sich aber für keine dieser Stellen auch nur das geringste Indiz finden, daß mit „he kat' oikon ekklesia" ausschließlich die drei oben genannten Familien gemeint seien. Die griechische Formulierung bezeichnet vielmehr von ihrer kontextuellen Einbindung her die christlichen Gemeinden, die sich im Haus von Priska und Aquila, im Haus des Philemon und im Haus der Nympha regelmäßig einfanden. Auch wenn feststeht, daß sie relativ klein waren, jeweils um eine Familie (z. B. um die des Philemon) als ihren festen Kern zentriert, so transzendierten sie doch auf jeden Fall die betreffende Familie.

Darüber hinaus wäre von der paulinischen Ekklesiologie her undenkbar, daß eine christliche Gruppe „ekklesia" genannt werden konnte, wenn bei ihr kein Herrenmahl gefeiert wurde. Das Herrenmahl aber war im frühen Christentum und auch später niemals Angelegenheit der Familie, sondern stets der Gemeinde, auch wenn es „hausweise" gefeiert wurde (Apg 2,46).

Wer also die christliche Familie als Hauskirche tituliert, hat die wesentlichen Grundlinien neutestamentlicher Ekklesiologie nicht begriffen: daß nämlich „Kirche" dort im Entstehen begriffen ist, wo nicht Fleisch und Blut die Menschen zusammenführt, sondern der erwählende Wille Gottes, der sich gegen alle Grenzen der Familie, der Sippe, der Nation und der jeweils herrschenden Gesellschaft sein neues Volk schafft. Die zahlreichen familienkritischen Logien der Evangelien (man vgl. nur Mk 3,31–35; Lk 9,57–62 und 14,25) sind mehr als ein Hinweis auf Jesu persönliches Schicksal; sie sind darüber hinaus für die Jüngergemeinde, die Jesus um sich sammelt, bedeutsam. Die Jünger haben Haus, Brüder, Schwestern, Mutter, Vater und Kinder verlassen und dafür schon jetzt hundertfach Häuser, Brüder, Schwestern, Mütter und Kinder erhalten (Mk 10,28–30).

Die nachösterlichen Gemeinden haben mit ihrer Koinonia, mit ihrem Ethos der Geschwisterlichkeit, mit ihrer Gastfreundschaft gegenüber durchreisenden Christen, mit ihrer Gleichstellung der Sklaven im Raum der Gemeinde das Programm Jesu, das auf eine neue, vom Evangelium durchwirkte Gesellschaft zielt, anfanghaft realisiert. Gerade die Hausgemeinden (bzw. Hauskirchen) erwiesen sich als der Ort, wo die in der Antike besonders einschneidenden soziologischen und ethnisch-religiösen Barrieren zwischen Juden und Heiden, Freien und Unfreien, Männern und Frauen, Hoch und Niedrig, Gebildet und Ungebildet aufgebrochen und umgeschmolzen wurden – zugunsten einer neuen Bindung aller an Christus, den Herrn (Gal 3,27; 1 Kor 1,26ff.; 12,12f.).

Gerade die Hausgemeinden entwickelten sich als die Stätten, wo die Mitglieder durch die gemeinsame Feier des Herrenmahls zu dem einen, pluriformen Leib Christi zusammenwuchsen, zu einer Gemeinschaft der Versöhnten. Angesichts dieses Sachverhalts stellt es nicht nur eine erhebliche Verkürzung, sondern geradezu eine Verdrehung dar, die christliche Familie, die sich zumindest bei uns von der privatisierten und intimisierten bürgerlichen Kleinfamilie der gegenwärtigen westlichen Gesellschaft kaum abhebt, als „Hauskirche" zu bezeichnen. Der neue Katechismus korrigiert diese eingeschränkte Sicht zwar etwas, indem er feststellt: „Von Anfang an wurde der Kern der Kirche oft von denen gebildet, die mit ihrem ganzen Haus gläubig geworden waren" (Nr. 1655). Nach dieser differenzierten Darstellung wird allerdings unter Hinweis auf das Zweite Vatikanische Konzil – wobei erneut der metaphorische Sprachgebrauch unterschlagen wird – die Familie als Hauskirche bezeichnet. Obwohl die Kirchenkonstitution „Lumen gentium" erwähnt wird, ist der primäre Bezug auf „Familiaris consortio" in der Fußnote erkennbar und wesentlich erkenntnisleidend (Nr. 1656).

3.1.3 *Die antike Stadtkirche (200–500)*

Im zweiten und dritten Jahrhundert wurden analog zu den staatlichen Verwaltungs- und Polizeisprengeln sog. *regiones diaconales* eingerichtet, die allerdings mehr Caritasbereiche als Pfarrbezirke darstellten. Sie waren rechtlich nicht genau voneinander abgegrenzt und fungierten auch nicht als Personalsprengel. Denn zur Eucharistiegemeinschaft fanden sich die Christen in den sog. Titelkirchen ein, die den Namen des titulus (des Hausbesitzers) trugen. Aus den privat zur Verfügung gestellten Häusern – um taufen zu können, waren es oft private Badehäuser – bildeten sich Gottesdienstzentren ohne rechtliche Sprengelabgrenzung. Die *Titelkrichen*, die mehrere Diakonien umschließen konnten, blieben auch nach der Errichtung der großen Basiliken das eigentliche Zentrum der Seelsorge. Die Einheit der Titelkirchen wurde durch symbolische Akte veranschaulicht: einmal durch die Zustellung eines Stückes Brot (Fermentum) aus der bischöflichen Eucharistiefeier; zum anderen durch die Stationsgottesdienste. Diese wurden vom Bischof reihum in den einzelnen Titelkirchen als sog. Wandergottesdienste gehalten.
Das Christentum der ersten Jahrhunderte war als Stadtreligion organisiert. Das Land sah man in der Antike nur im Zusammenhang mit der Stadt, von der es gesellschaftlich, wirtschaftlich und folglich auch seelsorglich versorgt wurde. Die Stadt stellte ein differenziertes Sozialgefüge zur Verfügung, das

auch Akte der Selbstbestimmung miteinschloß. So war innerhalb dieser Organisationsform „Stadt" auch in den christlichen Gemeinden ein hohes Maß an Mitbestimmung selbstverständlich.
Wenn wir nach dem spezifischen Profil dieses Gemeindetyps fragen, so ergibt sich eine städtisch organisierte Struktur, ein weiterhin lebendiges missionarisches Bewußtsein, das in der praktizierten Nächstenliebe wurzelt und eine gegenkulturelle Sprengkraft entfaltet; im Kontrast zum Judentum, zu den antiken Religionen und zu den öffentlichen Standards entwickelte sich ein eigenes Gemeindebewußtsein mit großer Strahlkraft.

3.1.4 *Der Aufstieg zur Reichskirche als Krise der Gemeinde*

Die *Gleichberechtigung* des Christentums neben anderen Religionen, die Kaiser Konstantin durchgesetzt hat, und seine *Ausschließlichkeitserklärung* durch Kaiser Theodosius hatten tiefgreifende Folgen für das Selbstverständnis der christlichen Gemeinden. Der Übergang von der Minderheiten- zur Massenkirche brachte einen qualitativen Sprung. Eine Minorität mit hohem Elitebewußtsein wurde zu einer Majorität, die die herrschende Kultur stützen mußte.
Damit verfielen die alten Sozialisationsinstrumente zum Christwerden: Der Katechumenat wurde ein Lebensprozeß und dadurch zeitlich und inhaltlich zerdehnt, weil man sich erst am Sterbebett taufen lassen wollte. Die Buße wurde wegen ihrer Einmaligkeit zum Sterbesakrament. Die Zugehörigkeit aller zur Kirche wurde letztlich mit einer „distanzierten Kirchlichkeit" erkauft. Man nannte diese Halbchristen nun nicht mehr „fideles", sondern „christiani". Obwohl im Jahr 321 der Sonntag als Auferstehungstag zum öffentlichen Ruhetag erklärt wird, erfuhr der Tag des Herrn keine geistliche Aufwertung. Im Gegenteil: Weil die Teilnehmer nun nicht mehr in der Eucharistiefeier vollzählig kommunizierten, schwächte sich die frühkirchliche Communio-Erfahrung, die wesentlich auch eine eucharistische Erfahrung war, erheblich ab.
Es entstand nun neben den Normalchristen eine Form von Sondergemeinde (Mönche), die das Christsein noch in der alten radikalen Weise verwirklichen wollte. Die verschiedenen

Spielarten des christlichen Asketismus waren in der Frühzeit innerhalb der christlichen Gemeinden gelebt worden. Aus der innergemeindlich angesiedelten asketischen Lebensform entstand nun eine außergemeindliche. Dieses *Anachoretentum* brachte aber die Gefahr der physischen Verwahrlosung und psychischen Vereinsamung mit sich. So entwickelte sich das Anachoretentum im 4. Jh. zu einer neuen Form von Gemeindebildung hin. Für den Asketen wurde nun ein sozialer Raum geschaffen, in dem er fernab von der Welt, aber doch in einer Gemeinschaft von Menschen, in einer neuen elitären Gemeinde seine Ideale realisieren konnte. Das *Mönchtum* wurde nun von vielen als die eigentliche Verwirklichung des Evangeliums angesehen, es galt als „Martyrium ohne Blut". In der normalen Gemeinde sahen die Mönche eher ein Hindernis für ihr christliches Ideal. So distanzierten sie sich von der Großgemeinde und fanden sich in einer unabhängigen, elitären Sondergemeinde zusammen. Im ausgehenden 4. Jh. banden dann bedeutende Bischofsgestalten, die selbst aus dem mönchischen Milieu kamen, die Klöster wieder stärker an die christliche Gemeinde. Das Konzil von Chalcedon verfügte schließlich 451 in seinem Kanon 8 die Unterstellung der Klöster unter den jeweiligen Ortsbischof. Hier deutet sich eine Gesetzmäßigkeit auch für spätere autonome Gemeindebildungen an: Sie sind nur überlebensfähig, wenn sie sich nach einer Phase der Autonomie in die „Großkirche" einfügen lassen. Dadurch bleibt aber auch die „Großkirche" nicht unverändert.

Die nachkonstantinische Ära brachte für die Kirche eine verstärkte Angleichung an die staatliche Verwaltung. Auf der Grundlage der diokletianischen Reichseinteilung erfolgte nun die territoriale Aufteilung in *Diözesen*. Um das Hinterland zu christianisieren, verteilte der Bischof Taufkirchen über das Land und stellte dort Priester an. Diesen überträgt er nach und nach seine bischöflichen Hoheitsrechte: Sie werden von der Konzelebration mit dem Bischof an hohen Feiertagen entpflichtet. Er macht sie somit zu selbständigen Leitern des Sprengelgottesdienstes. Er überträgt ihnen das Taufrecht, das Predigtrecht, das Segensrecht und schließlich das Begräbnis- und Zehentrecht als Voraussetzung wirtschaftlicher Unabhängigkeit.

Es kommt also zum Auseinandertreten von Bistum und Pfarrei: Bis dahin taufte allein der Bischof, ausschließlich er predigte und stand der Eucharistie vor. Bezeichnend ist dabei auch die Namensverschiebung: „Parochia" bezeichnet ursprünglich die vom Bischof geleitete Stadtgemeinde. Landgemeinden werden erstmals durch Papst Zosimus im Jahr 417 so genannt. Zunächst hieß eine solche vom Bischof abhängige Gemeinde „diocesis", wodurch sinnenfällig zum Ausdruck kam, daß die Landpfarrei eine Verwaltungseinheit der bischöflichen Ortskirche war. Seit Sidonius Apollinaris (Ende des 5. Jahrhunderts) wurden beide Ausdrücke wechselseitig verwendet. Im Laufe des 6. Jahrhunderts setzte sich, von Ausnahmen abgesehen, die heutige Namensaufteilung durch. Ab dem 7. Jahrhundert wird dann allgemein der Sprengel eines Bischofs mit „diocesis", die ihm unterstellte Einzelgemeinde mit „parochia" bezeichnet. Die Bischofskirche hat sich damit von ihrem Ehrennamen getrennt und versteht sich eher als Verwaltungseinheit: Das volle religiöse Leben hat sich nun in die Gemeinden verlagert.
Mit dem notwendigen Kirchenbau veränderte sich nicht nur das Weichbild der ländlichen Siedlungen, es änderte sich auch der Lebensrhythmus der Bewohner, der durch Einhaltung der Festzeiten geprägt wurde. Wenngleich es schon länger Kirchen außerhalb der Stadt gegeben hatte, vollzog sich die sichtbare Ablösung von der städtischen Bischofsgemeinde erst nach 550.

3.2 Die Zeit der Pfarrei (7.–19. Jh.)

3.2.1 *Die Entstehung der mittelalterlichen Landpfarrei*

Die im Übergang von Spätantike zum Frühmittelalter erfolgte „Dekomposition der Alten Welt" (A. Angenendt) führte zu einer einschneidenden Enturbanisierung sowie zu einer Gentilisierung von Religion und Frömmigkeit. Mit dieser Gentilisierung ist ein Wir-Gefühl gemeint, das ausschließlich das eigene Volk umfaßt, mit dem man sich in gemeinsamer Abkunft geeint sieht. Jenseits dieser eigenen Welt beginnt dann die Fremde, die einen nichts angeht. In aller Regel wird dieser Gentilismus dann auch gestützt von der eigenen Religion. Dieser Gentilismus war vor allem in den frühmittelalterlichen 1.)

Germanenreichen wirksam. Man verkehrte vorzüglich mit den Angehörigen des eigenen Volkes. Das Christentum aber verstand sich hauptsächlich als Religion der Ökumene: Als den ganzen Erdkreis umfassend, stand es in Widerspruch zur gentilen Auffassung. Kirche wollte immer eine „ecclesia ex diversis gentibus" sein, eine Kirche aus verschiedenen Völkern.

Erst der Missionierung durch Bonifatius gelang es, wieder ein gesamtkirchliches Bewußtsein zu schaffen und landeskirchliche Engführungen zu überwinden. Diese Zentralisierung nach Rom konnte freilich nicht verhindern, daß es bedingt durch die kulturellen und sozialen Gegebenheiten dieser archaischen Stämme zu einer tiefgreifenden Veränderung des kirchlichen Verfassungsgefüges kam. Es gab nun kein spezifisches Gemeindechristentum mehr. Am Ende dieses langwierigen Umformungsprozesses steht zwar die mittelalterliche Pfarrei, doch diese war in erster Linie eine Sache von Verwaltung und von Herrschaft.

Von ihrer frühmittelalterlichen Prägung her zielte die Pfarrei nicht mehr auf eine Gemeindebildung. Denn die Strukturen des sozialen Lebens der Germanen wurden beim Übertritt zum Christentum nicht in Frage gestellt. Durch die Taufe wurde man zwar ein Christ und dadurch Bürger des Himmels, ein Übertritt in ein sichtbares soziales Gebilde, wie die christliche Gemeinde, war damit nicht impliziert. Man verblieb vielmehr in seinem bisherigen Lebensverband wie Großfamilie und Sippe. Der Verband als ganzer wurde ja christlich und trug die Garantie für eine christliche Lebenspraxis. Der christliche Glaube führte aus sich heraus zu keiner Kontrasterfahrung mehr. Die sakramentalen und kultischen Vollzüge des Christlichen sollten vielmehr das vorhandene soziale Gefüge heiligen und stabilisieren. Dieser *soziale Monismus* – das politische Gemeinwesen verstand sich nun als Sakralverband, der die Kirchengemeinde in sich aufsog – führte zum Eigenkirchenwesen.

Unter *Eigenkirchenwesen* versteht man die Anwendung der Grundherrschaft auf die Kirchenherrschaft. Damit ergaben sich beträchtliche theologische Verschiebungen: Während nach altkirchlicher Vorstellung die Gott geweihten Sachen zum Kirchengut zählten, wofür der Bischof als Sachwalter fungierte, blieb nun die Verfügungsgewalt über die Kirche beim Grundherrn. Die Priester, die an diesen Kirchen angestellt wurden, waren nach altem Recht durch die Weihe an den Bischof gebunden gewesen; er hatte über sie die bischöfliche Personherrschaft ausgeübt. Dies war in diesem grundherrschaftlichen Denken nun nicht mehr möglich.

Die karolingische Reformgesetzgebung des 8./9. Jahrhunderts konnte nur noch die angemessene Schutz- und Unterhaltspflicht des Grundherrn gegenüber dem angestellten Priester einfordern. Für die Nutzung der Pfründe verlangte der Grundherr nun sogar eine Abgabe: So kam es in der grundherrschaftlichen Eigenkirche zur Einführung der Gebührenpflicht für geistliche Handlungen (Stolgebühren) und zum *Pfarrbann*. Der Grundherr gebot seinen Untertanen, in seinem Gotteshaus den kirchlich-religiösen Pflichten nachzukommen. Die grundherrschaftliche Bann- und Zwangsgewalt (vgl. den Mühlenbann) muß so als eine der Wurzeln des mittelalterlichen Pfarrzwangs angesehen werden. Dies hatte nicht unbeträchtliche Folgen: Die Eigenkirchenherren waren bemüht, für ihre Kirchen die Pfarrechte zu erhalten, um so in den Besitz der Zehnthoheit zu gelangen. Oder umgekehrt: Um im Besitz eines großen Zehntaufkommens zu bleiben, wurde die weitere Durchgliederung des Pfarrsystems verhindert.

Mit einer gesamteuropäischen Stadtbewegung seit dem 11./12. Jh. kam es allerdings zu einer von der grundherrschaftlichen Lebensweise abgehobenen Lebensform in rechtlicher, politischer sowie wirtschaftlicher Hinsicht, die auch neue religiöse Bedürfnisse weckte. Die monastische Bewegung führte zu einer Verbindung von Stadt und Kloster. 3.)
Die Bettelorden waren das Ergebnis dieses wichtigen Umformungsprozesses. Sie entfalteten nicht nur eine rege Predigttätigkeit: Die Feier der Liturgie und die Gewährung der Beichtvollmacht griffen in die *parochialen Rechte* einschneidend ein. Und das pfarrliche Begräbnisrecht wurde durch die Bettelordensklöster aufgebrochen: Ihre Kirchen dienten mehr und mehr den führenden Schichten der Stadt als Begräbnisplatz. Um die Bettelordenskirchen bildeten sich Typen einer offenen Gemeinde, die sich von der Zuständigkeit der Pfarrei

ablösten. Der Streit um die Aushöhlung der Pfarrechte dauerte das ganze Spätmittelalter an. Doch den Bettelorden gelang es, sich eine weitgehend freie und pfarrunabhängige seelsorgliche Tätigkeit zu sichern. Ihre Protektoren fanden die Bettelorden nicht nur in der Bevölkerung, sondern auch beim Papst. Nur die päpstlichen Privilegien haben sie davor bewahrt, selber verketzert und durch die Territorialseelsorger ausgegrenzt zu werden.

Weiterhin darf nicht unerwähnt bleiben, daß es im Transformationsprozeß des Hochmittelalters auch zu vielen anderen neuen Lebensformen kam wie Bruderschaften, Beginenhäusern oder auch zu Formen von Doppelklöstern. In diesen Gemeinschaften passierte viel an Weitergabe des Glaubens. A. Borst hat in seinen „Lebensformen des Mittelalters" die Verpflichtungen einer Bruderschaft von Schneidern beschrieben: „Die Teilnahme der Schwestern und Brüder am Fronleichnamsfest mit Prozession; lebenslange wöchentliche Hilfeleistung für die in Armut gefallenen Mitglieder; Sorge für Kranke; Übernahme der Begräbniskosten je nach Rang des Verstorbenen; Bezahlung und Mitfeier von Totenmessen der Verstorbenen; finanzielle Unterstützung für Pilgerfahrten nach Rom, Santiago oder Jerusalem; Beilegung von Streitigkeiten zwischen Mitgliedern vor eigenen Schlichtungsstellen; Teilnahme an Festtagen mit Meßbesuch und Opfer für Verstorbene; Stiftung von Armenmessen an Festtagen; gegenseitige Unterbringung von Lehrlingen, Solidarität mit Lehrlingen."[15] Die Stadtbewegung des Mittelalters führte also zu neuen, auch religiös bedeutsamen Sozialformen.

Die Reformation knüpfte erstaunlicherweise nicht am Modell der Bettelorden an. Entscheidend für die Gemeinde im evangelischen Kontext war, daß sie nach dem Wegfall der Klöster zum fast konkurrenzlosen Ort der kirchlichen Seelsorge wurde. Die gemeindliche Seelsorge wurde gleichsam monopolisiert.

3.2.2 *Das Konzil von Trient (1545–1563)*

Auf diesem Konzil gewannen die pastoralen Gesichtspunkte einen eindeutigen Vorrang vor den wirtschaftlichen. Zur

Frage der Pfarrteilung wird in der Sessio XII c. 4 bestimmt: „Wenn für einen Großteil der Pfarrangehörigen mit der Erfüllung der kirchlichen Sonntagspflicht eine große Unbequemlichkeit oder die Gefahr eines Schadens verbunden ist und sie dadurch von der Teilnahme moralisch entschuldigt wären, müßte eine neue Pfarreinteilung getroffen werden."

Die Betonung des Territorialprinzips wird nun unter pastoralem Aspekt vorgenommen: Jede Diözese soll in eindeutig begrenzte und voneinander unterschiedene Pfarreien eingeteilt und dauernd einem je eigenen Pfarrer zugewiesen werden. Pfarrei ist nunmehr ein territorial genau abgegrenztes Teilstück der Diözese. Fast alles, was bislang vom Bischof verlangt wurde, gilt nun auch für den Pfarrer: Residenzpflicht, Verpflichtung zum Predigtamt, Verbot der Pfründenhäufung und Pflicht der religiösen Unterweisung der Jugend. „Dem Pfarrer kam mit wenigen Ausnahmen die ordentliche seelsorgliche Autorität über die Pfarrangehörigen zu. Ihm oblag die Verkündigung des Wortes Gottes. Der Predigtdienst wurde als besondere Pfarrerpflicht eingeschärft. Der Pfarrer hatte ihn selbst wahrzunehmen, nur bei Verhinderung konnte und mußte er sich vertreten lassen. Er hatte an Sonn- und Feiertagen, ferner in der Advents- und Fastenzeit täglich oder wenigstens dreimal in der Woche zu predigen. Für die Kinder und Jugendlichen war darüber hinaus sonn- und feiertags eine Kinderlehre, die sogenannte Christenlehre, zu halten. Der Predigtpflicht des Pfarrers entsprach die Predigthörpflicht der Gläubigen. Dem Pfarrer war die Spendung der Sakramente anvertraut; nur von ihm konnten die Pfarrangehörigen sie erlaubt empfangen" (H. Schmitz).

Seelsorge ist von nun an keine meßbare, bezahlbare Sachleistung mehr, sondern ein stets aktualisierbares Verantwortungsgefühl für die Gemeinde. Dieses neue Verständnis von Seelsorge wurde symbolisch deutlich in der Applikationspflicht: Unter dem Begriff der „applicatio pro populo" wurde jeder Seelsorger verpflichtet, an allen Sonn- und Feiertagen das Meßopfer für das anvertraute Volk darzubringen (pro populo applicare) und es so aus der Verklammerung von finanziellen und religiösen Motiven zu lösen. Eine weitere wesentliche Verpflichtung war das Führen eines Pfarrbuches

über den Seelenstand (liber de statu animarum), das Papst Paul V. 1614 im Rituale Romanum vorschrieb.
Während die Protestanten auf der Basis des allgemeinen Priestertums der Gläubigen ihr Selbstverständnis der Ortsgemeinde ansiedeln, wird das konfessionelle Bewußtsein der Katholiken an die Gesamtkirche gebunden. Katholischsein heißt die Einzelgemeinde als Teil der Gesamtkirche begreifen. Diese Mentalität, die im Konzil von Trient grundgelegt wird, steigert sich im Ultramontanismus und im Kulturkampf des 19. Jahrhunderts noch einmal erheblich.

3.2.3 *Pfarrei im Josephinismus*

Eine wohl einmalige Sondersituation stellt die josephinische Pfarregulierung dar: Bereits bei seinem Regierungsantritt im Jahr 1780 beklagte sich Kaiser Joseph II. über den schleppenden Verlauf der fälligen Pfarreireform. Der Kaiser verknüpfte schließlich die Klosteraufhebungen mit der Pfarregulierung: Die aufgehobenen Klöster sollten die materielle und personelle Basis dieser Maßnahme bilden. Am 28. Februar 1782 erfolgte die Errichtung des Religionsfonds, mit dem der Aufwand der Pfarregulierung bestritten werden sollte. Am 15. Juni 1782 gründete der Kaiser die Geistliche Hofkommission, die das „Pfarreieinrichtungsgeschäft" betreiben sollte. Im September 1782 wurden die sogenannten Direktivregeln erlassen, die als Grundlage der Neuordnung dienen sollten. Sie lauten folgendermaßen: „Direktivregeln, nach welchen sich bey dem vorhandenden Pfarreieinrichtungsgeschäfte zu achten ist.

1 mo Die Errichtung einer Pfarr- oder Lokalkaplaney ist nothwendig, wo die Pfarrkinder entweder durch Wasser, oder hohes Gebirg, oder durch Schnee im Winter, und üble Wege zu ihrer Pfarrkirche schwer kommen können, oder wohl gar von derselben getrennet werden.

2 do Wo die Entfernung über eine Stunde Wegs beträgt.

3 tio Wo die Gemeinde über 700 Personen stark ist; es wären dann solche Gegenden, wo die Katholischen gemischt mit anderen Religionsverwandten wohnen, in welchem Falle auch eine mindere Anzahl, und zwar von 500, auch allenfalls weni-

ger Personen, hinlänglich wäre; weil in diesen Orten der Unterricht im Glauben, und die Pflege in der Seelsorge wegen des Abfalles noch nothwendiger ist.

4 to Verdienen jene Ortschaften eine Rücksicht, die mit einer Kirche versehen sind, und die mit Dokumenten erweisen könnten, daß sie in älteren Zeiten schon einen Pfarrer, oder eigenen Seelsorger gehabt haben, und wo schon einiger Fundus zu Unterhaltung eines Geistlichen vorhanden ist.

NB 5 to Eine andere Zu- und Eintheilung der Pfarrer ist nothwendig, wo der Pfarrer um seinen Pfarrkindern die seelsorglichen Pflichten zu leisten, durch eine fremde Pfarr gehen muß; oder wo ein Pfarrer in einem, mit einem Seelsorger ohnehin versehenen Ort Pfarrkinder hätte, folglich eine Vermischung mehrerer Pfarreyen in dem nämlichen Orte abwaltete; oder endlich, wo die Pfarrkinder in eine andere Kirche beträchtlich näher, in ihre eigene aber viel weiter, oder einen beschwerlichen Weg hätten."

Die Statistik für die Erzdiözese Wien zeigt, daß rund 48% der Pfarreien vorjosephinische, rund 30 % josephinische und rund 22% nachjosephinische Gründungen sind. Für den Zeitraum von zehn Jahren bedeutete diese Maßnahme einen massiven Eingriff in die herkömmliche Pfarrstruktur: Der Gedanke der Pfarrei als eine auf dem pastoralstrategischen Reißbrett entwickelte Größe legt sich hier nahe. Seit der josephinischen Pfarregulierung galt die Errichtung von Pfarreien als ausschließlich staatliches Recht. Erst mit dem Konkordat von 1855 wurde den Bischöfen ein Antragsrecht zugestanden. Das Kirchenbeitragsgesetz von 1939 und die damit verknüpfte Einziehung des Religionsfonds sowie die Beendigung aller öffentlichen Patronaten führten schließlich dazu, daß das Recht zur Errichtung von Pfarreien nunmehr ausschließlich den Diözesanbischöfen zusteht.

3.2.4 *Pfarrei seit dem 19. Jahrhundert*

Die Säkularisation von 1803 brachte der Kirche zwar erhebliche Vermögensverluste, doch wurden die Pfarreien davon in ihrer Struktur wenig betroffen. Durch den Wegfall der Stifte und Klöster gewann die Pfarrseelsorge vielmehr eine konkurrenzlose Stellung. Trotz der tiefen Umbrüche blieb also die Kontinuität auf der Ebene der Pfarrorganisation und -seelsorge erhalten. Als wesentlich einschneidender stellte sich aufgrund der Industrialisierung die wachsende Zahl der Bevölkerung in den Städten dar. Hier mußte nach Abhilfe gesucht werden.

Paradigmatisch soll die Situation für die Stadt Dortmund dargestellt werden. Bis zum Jahr 1864 gab es dort nur eine Pfarrei, die Propsteigemeinde. Gegen Ende des Jahrhunderts waren es an die zehn (vgl. Skizze 12).

Diese sogenannten Abpfarrungen sind im Grunde genommen sehr stark auch vom territorialen Prinzip her geführt worden. Erst zu Beginn unseres Jahrhunderts kam es aufgrund der *Liturgischen Bewegung* und der *Bibelbewegung* wieder zu einer mehr theologisch bestimmten Definition von Pfarrei. Im Jahr 1925 formulierte der Laacher Benediktiner Athanasius Wintersig programmatisch seine Kritik am herkömmlichen Pfarreibegriff: „Es wird die Rettung der Pfarrgemeinde und damit die dauernde Befruchtung der ordentlichen Seelsorge sein, wenn man darauf verzichtet, sie mit immer neuen äußeren Mitteln und Organisationen zu stützen, und statt dessen von dem ausgeht, was sie wesentlich konstituiert: von dem Mysterium."

Dieser Vorstoß, der Pfarrei vor allem auch als eine mystische Größe zu begreifen suchte, wurde von dem Klosterneuburger Chorherrn Pius Parsch auf der 3. Wiener Seelsorgertagung im Jahre 1933 noch zugespitzt. Parsch erklärte im Eröffnungsreferat über „die Pfarre als Mysterium": „Die religiöse Erneuerung kommt nicht von den organisatorischen Methoden der Welt, sondern von der Entfaltung der übernatürlichen Lebenszellen und der Eröffnung der Lebensquellen, mit anderen Worten von der lebendigen Pfarrgemeinde ... Die Pfarrei ist ecclesia, Kirche im kleinen, ist konkrete Erscheinung der Kirche für den einzelnen Christen. Nicht die Organisation ist demnach das Entscheidende, sondern daß die Pfarrei als ein lebendiger geistig-geistlicher Organismus verstanden und gepflegt wird. Die Kirche ist ein lebendiger Organismus, da lebt es, da atmet es, da fließen die Säfte; und der einzelne Christ ist Glied dieses Organismus und kann nur leben in der lebendigen Verbindung mit dem Leibe ... Die Pfarrei ist Corpus Christi mysticum

Skizze 12:
Übersicht über die Entwicklung der Seelsorgestationen in der Propsteigemeinde Dortmund

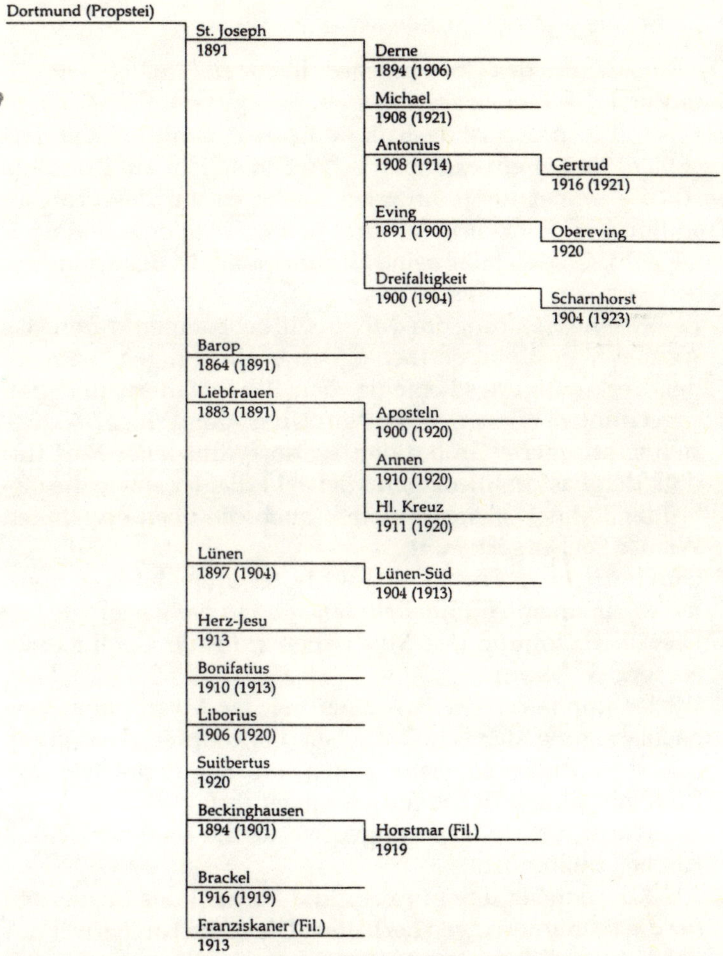

Die Zahlen bedeuten das Jahr der Errichtung der Filiale bzw. Pfarrei. Handelt es sich um die Erhebung einer *Filiale* zur Pfarrei, so ist das Jahr der Pfarrgründung in Klammern beigefügt.
(Nach Gatz, Bistümer und ihre Pfarreien, 102.)

in concreto ... der Pfarrer ist Stellvertreter des Hauptes Christi ... die Pfarrei ist der Leib, die Pfarrangehörigen sind die Glieder des Leibes" (P. Parsch, Die Pfarre als Mysterium).[16]

3.2.5 *Ein aussagekräftiger Konflikt*

Die Renaissance des Gemeindegedankens rief freilich den Widerspruch des Freiburger Erzbischofs Constantin *Gröber* hervor. Sein Einspruch ist deshalb in dieser Ausführlichkeit darzustellen, weil er ein exemplarisches Schlaglicht auf Konflikte wirft, die immer dann auftreten, wenn es um das Problem Tradition und Fortschritt, alt und neu in Theologie und Seelsorge geht. Gröber faßte seine Gedanken als 17 Beunruhigungen zusammen:

1. Es sei eine Spaltung im Klerus zu beobachten durch das Agitieren bestimmter theologischer Richtungen: nämlich der Verkündigungstheologie, den Schönstättern und den sogenannten Wiener Aktivisten. Unter den Wiener Aktivisten subsumierte Gröber den Seelsorgeamtsleiter Karl Rudolf, den Pastoraltheologen Michael Pfliegler sowie die Gebrüder Rahner. Gemeint waren auch die oben erwähnten Wiener Seelsorgertagungen.
2. Durch die neue Theologie des Mysteriumgedankens komme es zu einem Antiintellektualismus in der Theologie.
3. Die Überbetonung des Mystischen rufe die Gefahr einer Neognosis hervor.
4. Weiter impliziere die Favorisierung der Mystik eine Vernachlässigung der scholastischen Philosophie: Der Bruch mit der Scholastik habe schon im Spätmittelalter zur Kirchenspaltung der Reformation geführt.
5. Als Norm für die Neuerungen werde die Idee der „Alten Kirche" mißbraucht.
6. Als Konsequenz davon müsse die Patristik als Steinbruch für die modernen Ideen herhalten: Die „Alte Kirche" sei nur das Kostüm für die kaschierten Ideen der Neuerer.
7. Bedenklich in diesem Zusammenhang sei auch die steigende Rezeption der protestantischen Dogmatik.
8. Die immer mehr an Akzeptanz gewinnenden Gedanken der ökumenischen Bewegung würden dazu führen, daß die

Wahrheitsfrage hintangestellt werde. Die Einheit der Kirche würde der Wahrheit vorgezogen.

9. Die Idee der Kirche als „Corpus Christi mysticum" impliziere einen falschen Kirchenbegriff. Dadurch werde die Kirche zu einer „ecclesia invisibilis". Dies aber sei die Sehweise von Protestanten und Sekten. Der katholische Kirchenbegriff gründe in dem Verständnis als „societas perfecta".
10. Das einfache Kirchenvolk verstehe die neuen Thesen überhaupt nicht; ihm müsse man vielmehr „die einfachen Katechismuswahrheiten wieder ins Gedächtnis zurückrufen".
11. Ferner führe die Christusmystik zu einer Entwertung der Kirche, denn Christus könne man dann überall finden.
12. Die Lehre von der Kirche als „Corpus Christi mysticum" werde vor allem bei den Protestanten gelehrt.
13. Besonders bedenklich sei die Überbetonung des allgemeinen Priestertums auf Kosten des Weihepriestertums: Damit wandle man auf den Spuren des Gallikanismus, des Josephinismus, ja letztlich der Reformation. Dies komme zum Ausdruck in der Ablehnung der Privatmesse durch die Neuerer: Der Gedanke der „participatio actuosa" hebe letztlich die Bedeutung des Weihepriestertums auf.
14. Die Lehre von der Messe als Mahl stifte Verwirrung unter den Gläubigen.
15. Die Überbetonung des Liturgischen, vor allem aber das Experimentieren in diesem Bereich widerspreche letztlich der Autorität des Heiligen Stuhls.
16. Die Einführung der Gemeinschaftsmesse überbetone das allgemeine Priestertum der Gläubigen: Nicht die Gemeinde aber trage den Gottesdienst, sondern der rechtmäßig gesandte Priester. Die vorgeschriebene objektive Frömmigkeit lasse die subjektive Frömmigkeit der Gläubigen verarmen: „Wer jahrzehntelang mit und unter dem Volk gelebt hat, der weiß übrigens auch, daß das katholische Volk nicht nur durch den Grad der Bildung, sondern auch durch die Stammesart sich unterscheidet, und daß die allgemeine Aufdrängung der objektiven Frömmigkeit schon an dieser Naturtatsache scheitern wird. Was dem

raschbeweglichen Rheinländer oder anderen Stämmen leicht fällt und Anreize bietet, das findet beim nüchternen, wortkargen, in sich gekehrten Schwarzwälder und Alemannen nur wenig Sympathien oder löst gar erfahrungsgemäß Mißbehagen und Ablehnung aus." In diesem Argument Gröbers kommt durchaus auch, obwohl er den Aspekt der Weltkirche betonen will, das Element des Gentilismus zum Tragen.

17. Die Forderung der Einführung der deutschen Sprache in der Liturgie erinnere sehr stark an Tendenzen der Aufklärung: „In meiner Erzdiözese war vor hundert und mehr Jahren unter Generalvikar von Wessenberg die Verdeutschung der Liturgie in einem solchen Umfang gediehen, daß im ganzen Konstanzer Ritual kein einziges lateinisches Wort mehr zu finden war. Und dann klopfte der Deutschkatholizismus an die Türe oder besser gesagt, er fand sie schon offen!" Gröber deutete die Ersetzung der lateinischen Sprache durch die deutsche „als eine Lockerung der seelischen Verbindung mit der Kirche und Rom".

Der Liturgiewissenschaftler Th. Maas Ewerd kam in seiner Habilitationsschrift zu dem Ergebnis, die 17 Beunruhigungen von Erzbischof Gröber seien ohne eine klare innere Ordnung und ziemlich willkürlich erstellt worden. Bei näherer Prüfung zeigt sich, daß das Gegenteil der Fall ist: Ausgehend von der Beobachtung einer Spaltung im deutschen Klerus zwischen Progressiven und Konservativen behandelt Gröber in den restlichen 16 Punkten die Gefahren, die vorwiegend von den progressiven Kräften ausgehen. Zunächst führt er die Irrtümer im Bereich der Glaubensbegründung und die falsche Norm für die angestrebten Reformen an. Aus diesen Grundirrtümern resultiere ein falscher Ökumenismus, eine Protestantisierung sowie eine Neomystik mit einem fragwürdigen organologischen Kirchenbegriff. Diese theologischen Basisirrtümer führten dann auch zu Fehlentwicklungen in der Praxis: So fördere die falsche Ansicht vom allgemeinen Priestertum die Gemeinschaftsmesse und die Einführung der deutschen Liturgiesprache. Im letzten waren die Neuerer für Gröber nichts anderes als „Kryptoprotestanten".

Gegen diese Bemerkungen von Erzbischof Gröber gab es nun

die verschiedensten Gutachten von bischöflicher und theologischer Seite. Bemerkenswert war die Antwort aus Wien: Kardinal Theodor Innitzer wies im Namen der österreichischen Bischöfe die Vorwürfe zurück. In seinem Brief vom 24. Februar 1943 führte er aus: Die angedeutete Spaltung des Klerus bestehe in Österreich nicht. Gewisse Spannungen zwischen Konservativen und Progressiven gehörten allerdings zum Erscheinungsbild eines vitalen Klerus. Die von Gröber angedeuteten unterschiedlichen Strömungen in Theologie und Seelsorge gebe es dagegen wirklich. Für diese Frage verwies er auf ein umfängliches theologisches Gutachten. Die Pluriformität in der Kirche war für ihn auch Zeichen einer lebendigen Kirche. Die von Gröber angezielte Lösung sei letztlich das Problem: Wenn man diese unterschiedlichen Strömungen in der Theologie und in der Seelsorge verbieten wolle, würde man erst die dramatischen Zuspitzungen schaffen, die man zu beseitigen vorgebe. Gröber holte sich also von seinem Wiener Amtskollegen eine eindeutige, allerdings subtil verpackte Kritik. Den Brief von Innitzer hatte Seelsorgeamtsleiter Karl Rudolf entworfen mit folgender Aktennotiz: Der Entwurf „ist im wesentlichen ruhig, sachlich, positiv gehalten und gibt nur einleitend und auch sonst gelegentlich dem doch etwas stark vorstoßenden Schreiber das zurück, was ihm zurückgegeben zu werden verdient, auch nach dem Wunsch seiner engsten ernsten diözesanen Mitarbeiter".

Das theologische Gutachten – auf das Kardinal Innitzer hingewiesen hatte – erstellte in seinem Entwurf Karl Rahner. Er setzte sich darin neben vielen anderen Aspekten vor allem mit dem Grundproblem „alt – neu", Tradition und Fortschritt in der Kirche auseinander. „Die in dem Freiburger Memorandum dargelegten Klagen beruhen wohl im wesentlichen auf den Problemen, Aufgaben und Schwierigkeiten, die unvermeidlich aus der heutigen Situation herauswachsen. Die Kirche steht einer neuen Zeit gegenüber ... Weder die Dogmatik noch die Kirchengeschichte liefert einen Beweis dafür, daß die großen lebendigen Bewegungen in der Kirche Gottes, durch die sie immer wieder aufs neue einer neuen Zeit gerecht wird, immer in ihrem Ursprung ausgehen müssen von der Hierarchie selbst.

Selbstverständlich wird es, so Neues wächst, bei der Unvollkommenheit alles Irdischen auch Wildwuchs geben. Das ist unvermeidlich und eine unvermeidliche Gefahr allen neuen Werdens. Aber viel bedenklicher wäre es, wenn sich nichts Neues regen, wenn man ohne Gespür für die Nöte der Zeit in den alten Geleisen weiterliefe, wenn man sich ohne echten, offensiven Willen zu einer neuen Zukunft in rein negativer Verteidigung der Tradition mit dem trösten würde, was man an Menschen, Einrichtungen und Formen ‚noch' hat. ... Nichts ist ja den Feinden der Kirche lieber als ein unlebendiger Traditionalismus ..."
Die Beunruhigungen von Erzbischof Gröber waren – das hat die heutige Forschung nachgewiesen – beeinflußt von Beratern aus einer ganz bestimmten Richtung: dem Trierer Pfarrer und Direktor auf Burg Lantershofen August Doerner (1874–1951), dem Franziskanerpater Bernardi Jacobi (1873 bis 1955), dem Pfarrer von Eschweiler in der Eifel Karl Kraus (1901–1969) sowie dem Stadtpfarrer von Vilshofen Dr. Carl Böckl (1888–1982), der gegen seinen Diözesanbischof Simon Konrad Landersdorfer agitierte. Die Professoren von der Freiburger Fakultät, was eigentlich naheliegend gewesen wäre, konsultierte Gröber in dieser Angelegenheit nicht. In der Auseinandersetzung von Erzbischof Gröber mit den Ideen der Liturgischen Bewegung zeigt sich letztlich auch ein Streit darüber, was Pfarrei und Gemeinde ist: Ist sie mehr von den Strukturen her gekennzeichnet? Oder ist sie mehr eine Bewegung, die den aktuellen Bedürfnissen Rechnung zu tragen hat? Sie ist immer beides: Sie steht im Zusammenhang mit der Tradition und im Dienst heutiger Menschen.

3.2.6 *Konsequenzen*

Der geschichtliche Überblick bedeutet letztlich keinen Selbstzweck, sondern förderte wichtige Erkenntnisse zutage:

- Einmal eine *terminologische* Klärung der Begriffe Pfarrei und Gemeinde: Diese Begriffe werden oft gleichlautend verwendet. Der geschichtliche Durchblick hat gezeigt, daß sich im Laufe der Entwicklung der Terminus „Pfarrei" immer mehr in Richtung eines kirchlichen Verwaltungsbezirkes entwickelt

Skizze 13:
Historische Linien der Gemeindeentwicklung

Urkirche	eine *communio* mit Briefverkehr und Reisegemeinschaft
Hausgemeinde	sozialer Grundzug kleine Größe nichtkultischer Versammlungsraum
antike Stadtkirche	missionarisches Bewußtsein praktizierte Nächstenliebe gegenkulturelle Sprengkraft egalitärer Grundzug
Konstantinische Wende als Krise der Gemeinde	Majoritätsgefühl Verfall des Elitebewußtseins Konformität Verfall der traditionellen Sozialisationsinstrumente (Buße, Katechumenat) ⇨ neue Kontrastgruppe: Mönche
Nachkonstantinische Zeit	Angleichung an diokletianische Reichsverfassung Bischof delegiert Rechte an Pfarrer neuer Sprachgebrauch: *parochia/dioecesis*
mittelalterliche Landpfarrei	sozial-kultischer Monismus Eigenkirchenwesen: Stolgebühren und Pfarrbann
Stadtbewegung	eigene Gemeinden um die Bettelordenskirchen neue Sozialformen: Bruderschaften, Beginenhäuser
Konzil von Trient	pastorale Gesichtspunkte territoriales Verständnis
Aufklärung/Josephinismus	Pfarregulierung Gemeinde am Reißbrett
20. Jahrhundert	Liturgische Bewegung Pfarrei als geistlicher Organismus Einspruch von Erzbischof Gröber
II. Vatikanum	Kirche als Volk Gottes Grundvollzüge der Gemeinde: μαρτυρία, λειτουργία und διακονία
Synode	aus der versorgten Gemeinde soll die selbstsorgende Gemeinde werden Kompromißbegriff: Pfarrgemeinde

hat. Der Begriff „Gemeinde" dagegen impliziert eine bestimmte mitlaufende Theologie von Pfarrei und macht diese somit nicht zu einer fixen und unveränderbaren, sondern plastischen Sozialform. Hinter den beiden, zunächst identisch scheinenden Begriffen verbergen sich also unterschiedliche Sozialformen des Christentums: Man kann also vom 1. bis zum 6. Jahrhundert von der Epoche der Gemeinden sprechen, vom 7. bis zum 19. Jahrhundert von der Epoche der Pfarrei und vom 20. Jahrhundert als der Zeit der Renaissance des Gemeindegedankens.

- Durch diese Unterscheidung füllen sich dann auch die beiden Begriffe *inhaltlich:* Gemeindebewußtsein entsteht eher in Minoritätssituationen sowie im städtischen Milieu: *Gemeinden* bilden eine Kontrastgesellschaft, lassen die gesellschaftlichen Barrieren draußen und entwickeln dichte Innenbeziehungen (Geschwisterlichkeit, allgemeines Priestertum, Reichtum der Charismen). *Pfarreien* entstehen in der christentümlichen Gesellschaft auf dem Land, stabilisieren das vorhandene Sozialsystem und übernehmen die Barrieren der Gesellschaft im Innern.

Die Konsequenz daraus kann allerdings nicht lauten, die Pfarrei abzuschaffen und auf autonome Gemeindebildungen zu setzen. Es geht vielmehr um eine Komplementarität von Pfarrei und Gemeinde. In der dominanten Sozialform der Pfarrei müssen gemeindliche Aufbrüche möglich bleiben, ja sie sind zur Dynamisierung der Pfarrei sogar notwendig. Bloße Aufbrüche allerdings ohne feste Stabilitätszonen gehen ins Leere (vgl. Skizze 13).

4.
Die Neuentdeckung der Gemeinde
Zweites Vatikanisches Konzil und Würzburger Synode

4.1 Zeitgeschichtlicher Hintergrund

Nach dem Zweiten Weltkrieg setzte ein Abwendung vom Pfarreibegriff ein, der trotz einer theologischen Aufwertung zwischen den beiden Weltkriegen davon nicht profitieren konnte. Nun begann so recht die Karriere des Gemeindebegriffes. 1960 erschien im „Lexikon für Theologie und Kirche" unter dem Stichwort „Gemeinde" zwar noch nicht viel Konkretes: Man verwies für den biblischen Zusammenhang einfach auf das Stichwort „Kirche", erläuterte in einem zweiten Abschnitt das protestantische Gemeindeverständnis und begnügte sich für den pastoraltheologischen Gesichtspunkt mit dem Hinweis auf das Wort „Pfarrei". Im „Handbuch theologischer Grundbegriffe", hrsg. von H. Fries (München 1962), fehlte der Begriff „Gemeinde" völlig, obwohl schon längst in den Studentengemeinden ein Prozeß der Reflexion über die Gemeindewerdung eingesetzt hatte. Auch im ökumenischen Kontakt von katholischen und evangelischen Gemeinden waren bereits erste Schritte zur Neugewinnung des Gemeindeverständnisses getan worden. Im Zweiten Vatikanischen Konzil gewann dann schließlich der Begriff der Gemeinde an Bedeutsamkeit und Prägnanz.

4.2 Gemeinde und Konzil

Das Konzil hat sich zwar nicht direkt mit dem Problem Pfarrei oder Gemeinde befaßt, aber bei näherem Zusehen läßt sich doch ein Mosaik an Einzelbausteinen zusammentragen. In sechs verschiedenen Konzilsdokumenten finden sich Aussagen über das Wesen und die Aufgaben der christlichen Gemeinde. Im Mittelpunkt steht dabei die Dogmatische Konstitution über die Kirche, deren Formulierungen in den anderen Dokumenten entfaltet und vertieft werden. Der zentrale Text im Kapitel 26 lautet folgendermaßen:

„Diese Kirche Christi ist wahrhaft in allen rechtmäßigen Ortsgemeinden der Gläubigen anwesend, die in der Verbundenheit mit ihren Hirten im Neuen Testament auch selbst Kirchen heißen. Sie sind nämlich je an ihrem Ort im Heiligen Geist und mit großer Zuversicht (vgl. 1 Thess 1,5) das von Gott gerufene neue Volk. In ihnen werden durch die Verkündigung der Frohbotschaft Christi die Gläubigen versammelt, in ihnen wird das Mysterium des Herrenmahls begangen, ‚auf daß durch Speise und Blut des Herrn die ganze Bruderschaft verbunden werde'. In jedweder Altargemeinschaft erscheint unter dem heiligen Dienstamt des Bischofs das Symbol jener Liebe und jener ‚Einheit des mystischen Leibes, ohne die es kein Heil geben kann'. In diesen Gemeinden, auch wenn sie oft klein und arm sind oder in der Diaspora leben, ist Christus gegenwärtig, durch dessen Kraft die eine, heilige, katholische und apostolische Kirche geeint wird. Denn ‚nichts anderes wirkt die Teilhabe an Leib und Blut Christi, als daß wir in das übergehen, was wir empfangen'."

In Kap. 28 heißt es von den Priestern: „In den einzelnen örtlichen Gemeinden der Gläubigen machen sie den Bischof, mit dem sie in vertrauensvoller und großzügiger Gesinnung verbunden sind, gewissermaßen gegenwärtig ... Unter der Autorität des Bischofs heiligen und leiten sie den ihnen zugewiesenen Anteil der Herde des Herrn, machen die Gesamtkirche an ihrem Ort sichtbar und leisten einen wirksamen Beitrag zur Erbauung des gesamten Leibes Christi (vgl. Eph 4,12)."

Obwohl nicht direkt von der Gemeinde am Ort die Rede ist, lassen sich doch folgende Wesensbestimmungen einer christlichen Gemeinde daraus ableiten:

- Kirche ist „Volk Gottes"; alle Getauften, Presbyter und Laien zusammen, bilden das von Gott gerufene Gottesvolk. Daraus ergibt sich für die Gemeinde eine grundlegende Einheit und Gemeinschaft aller Gläubigen. Weil auch die konkrete Gemeinde Volk Gottes ist, kann sie mit dem biblischen Attribut „Kirche Gottes" versehen werden.

- Wie die gesamte Kirche steht auch jede Gemeinde in der Dialektik von Sammlung und Sendung. Sie ist von Gott zu einer Gemeinschaft von Brüdern und Schwestern berufen, freilich nicht in einer selbstgenügsamen Binnenorientierung, sondern in missionarischer Sendung. Darauf wird im Dekret über das Laienapostolat (vor allem Kap. 10 und 18) und über die Mission (besonders in den Kap. 15 und 37) hingewiesen. „Als Mitarbeiter Gottes sollen die Missionare solche Gemeinden von Gläubigen erwecken, die würdig der Berufung, die sie empfangen haben, die Ämter, die Gott ihnen anvertraut hat, ausüben: das priesterliche, das prophetische und das königliche Amt. Auf diese Weise wird die christliche Gemeinde zum Zeichen der Gegenwart Gottes in der Welt. Sie ist ja selbst ständig im eucharistischen Opfer mit Christus auf dem Weg hinüber zum Vater; unablässig aus dem Wort Gottes genährt, gibt sie Zeugnis für Christus; sie wandelt in der Liebe und glüht von apostolischem Eifer" (Missionsdekret Kap. 15).
- Das Konzil beschreibt im Rückgriff auf die Theologie der Väter sowohl das Amt der Bischöfe als auch die Sendung der Presbyter und Laien mit der Lehre vom dreifachen Amt Christi als Lehrer, Priester und König. In Analogie dazu werden auf allen Ebenen der Kirche (Gesamtkirche, Diözese, Gemeinde) Grundvollzüge des kirchlichen Lebens abgeleitet: die Verkündigung des Wortes Gottes, die Feier der Eucharistie und die christliche Brüderlichkeit.
- Quelle, Gipfel und Höhepunkt des gemeindlichen Lebens ist und bleibt die eucharistische Versammlung. Sie wäre aber nicht glaubwürdig, wenn sich daraus nicht der diakonische Grundzug der Gemeinde ergäbe: „Die christliche Gemeinde wird aber nur auferbaut, wenn sie Wurzel und Angelpunkt in der Feier der Eucharistie hat; von ihr muß darum alle Erziehung zum Geist der Gemeinschaft ihren Anfang nehmen. Diese Feier ist aber nur dann aufrichtig und vollständig, wenn sie sowohl zu den verschiedenen Werken der Nächstenliebe und zu gegenseitiger Hilfe wie auch zu missionarischer Tat und zu den vielfältigen Formen christlichen Zeugnisses führt" (Presbyterdekret Kap. 6).
- Neben den Pfarreien hält das Konzil ganz bewußt auch den

Weg für andere, nicht-territoriale Gemeindeformen offen. Die Orthaftigkeit der Gemeinde als ihr spezifisches Merkmal darf nicht ausschließlich territorial verstanden werden: Es handelt sich sehr wohl um den Ort der Konkretion der Kirche in der Gemeinde, aber auch um einen offenen Prozeß: Gemeinde ist die Nahtstelle, wo der Glaube des einzelnen in die Dimension der Kirche übergeht. Sie überschreitet die Familie und „unterschreitet" (nicht subversiv, sondern lebensnah-konkret) die Gesamtkirche.

- Die Gemeinde ist als die Kirche Gottes der Ort, an dem unter der Leitung des Priesters in enger Verbindung mit dem Bischof die Gemeinschaft der an Jesus Christus Glaubenden ereignishaft und missionarisch gelebt wird in den Vollzügen von Verkündigung, Diakonie und Liturgie. Das Konzil hat also die Diskussion um die Gemeinde und deren Ergebnisse aufgegriffen und gewürdigt.

4.3 Gemeinde und Synode

Die Dokumente der *Würzburger Synode* (1971–1975) wollen die Aussagen des Konzils aufgreifen und im Hinblick auf die Verhältnisse der westdeutschen Kirche konkretisieren. Neben den Territorialgemeinden werden auch die Personalgemeinden (Ausländer-, Hochschul-, Standortgemeinden u. a.) erwähnt. Sie werden als wertvolle Ergänzung der Ortsgemeinden gesehen, werden aber als diesen zugeordnet beschrieben.
Der zentrale Text in dem Beschluß „Die pastoralen Dienste in der Gemeinde" (2.3.2) lautet folgendermaßen: „Die Gemeinde ist an einem bestimmten Ort oder innerhalb eines bestimmten Personenkreises die durch Wort und Sakrament begründete, durch den Dienst des Amtes geeinte und geleitete, zur Verherrlichung Gottes und zum Dienst an den Menschen berufene Gemeinschaft derer, die in Einheit mit der Gesamtkirche an Jesus Christus glauben und das durch ihn geschenkte Heil bezeugen ...
Im allerweitesten Sinn verwirklicht sich Gemeinde Christi überall, wo zwei oder drei im Namen Jesu beisammen sind (vgl. Mt 18,20). Die wichtigsten Zellen der Gemeinde sind die christlichen Ehen und Familien, die das Zweite Vatikanische

Konzil ausdrücklich als Hauskirche bezeichnet (vgl. LG 11). Dem Aufbau und dem Wachstum der lebendigen Gemeinde dienen aber auch vielerlei Gruppen, Kreise, Hausgemeinschaften, Basisgemeinschaften, geistliche Gemeinschaften am Ort sowie andere kirchliche Vereinigungen und Verbände. Sie sind von der Gemeinde im eigentlichen Sinn des Wortes zu unterscheiden. Sie helfen jedoch zur Einwurzelung und Beheimatung des einzelnen in der Gemeinde und in der Kirche. Deshalb kommt ihnen gerade heute eine wichtige Funktion zu."

Aus dieser Definition von Gemeinde lassen sich verschiedene Struktur- und Wesenselemente einer Gemeinde ableiten:

- Der Grund einer Gemeinde besteht in Wort und Sakrament, vor allem aber in der Feier der Eucharistie als dem Sakrament der Einheit.
- Das Ziel einer Gemeinde besteht in der Verherrlichung Gottes wie im Dienst an den Menschen. Das drückt sich in der Spannung von Sammlung und Sendung, Aktion und Kontemplation, Offenheit und Eindeutigkeit aus.
- Das Leben einer Gemeinde braucht die Einheit und Vielfalt der Charismen, Dienste und Ämter, es steht in der Spannung von gemeinsamem Dienst sowie Kooperation aller und der besonderen Berufung und der besonderen Sendung des einzelnen.
- Die Struktur einer Gemeinde ist gekennzeichnet durch das „In" als auch „Gegenüber" von Amt und Gemeinde.
- Die Dimensionen einer Gemeinde beinhalten die Einbindung in Diözese und Universalkirche sowie die Eigenform von Gruppen, Kreisen, Hausgemeinschaften und Basisgruppen (vgl. dazu die Einleitung zum Beschluß von W. Kasper).

Ähnlich wie die Konzilsdokumente legen also auch die Synodentexte die Betonung auf die Ortsgemeinden, in denen die Kirche sichtbar wird. Der obige Text freilich zeigt eine unübersehbare Überfrachtung: Er möchte alles zusammenbinden und verfällt dadurch in einen kumulativen Stil. Somit erweist er sich als Kompromißtext, der angesichts der kontextuellen Herausforderungen (basisgemeindliche Aufbrüche in Lateinamerika, Holland und BRD) bewußt auf Ausgleich und Harmoni-

sierung bedacht ist. Die gemeindlichen Neuaufbrüche werden positiv gewertet, sollen aber in den Raum der Pfarrei zurückgebunden werden.
Dies kommt in dem Ausdruck „Pfarrgemeinde" in dem Beschluß „Pastoralstrukturen" deutlich zum Ausdruck. In der ersten Lesung hatte man noch einfach von der Pfarrei gesprochen; man wollte allerdings verhindern, daß der Pfarrei als einer rechtlichen Institution der Gemeindecharakter abgesprochen wird. Die Begriffskombination „Pfarrgemeinde" enthielt ursprünglich ein weitreichendes Programm: Jede Pfarrei soll zur Gemeinde werden. Nun wurde aber das Gegenprogramm maßgebend: Gemeindeentwicklung ja, aber nur unter der Maßgabe, die Pfarreimentalität nicht zu verletzen.
Die Leitidee des Beschlusses „Dienste und Ämter" lautet: „Aus einer Gemeinde, die sich pastoral versorgen läßt, muß eine Gemeinde werden, die ihr Leben im gemeinsamen Dienst aller und in unübertragbarer Eigenverantwortung jedes einzelnen gestaltet" (Dienste und Ämter 1.3.2).
Die *Dresdner Synode* (1973–1975) formulierte ähnlich: „In der Gemeinde wird der Priester besonders darauf hinwirken, daß aus einer Ansammlung von Betreuten eine lebendige Gemeinde wird."
Genau wie das Konzil betont auch die *Würzburger Synode* die drei Grundfunktionen der Gemeinde: Verkündigung, Gottesdienst und Bruderdienst. „Zur Sendung der Gemeinde gehört wesentlich ihre Sorge um die einzelnen in ihrer vielgestaltigen Not wie der Einsatz für Frieden, Gerechtigkeit und Freiheit. Die Gemeinde darf nicht neben den Problemen der Gesellschaft herleben, sondern muß mitten in ihr präsent sein. Sie muß sich verantwortlich wissen für die gesellschaftlich an den Rand Gedrängten und Zurückgesetzten, für die Entrechteten und alle Menschen in Not" (Dienste und Ämter 2.3.3).
Die positiven Anstöße durch das Konzil und die Synode können wie folgt zusammengefaßt werden:

- Es ist die Aufgabe der Gemeinde, den Glauben der Kirche an Jesus Christus für den einzelnen erfahrbar und erlebbar zu machen. Deshalb muß in der christlichen Gemeinde Raum sein für unterschiedliche Formen und Verwirklichungen des einen Glaubens.

- Gemeinde im Vollsinn verwirklicht sich nur dann, wenn sie ihr Volk-Gottes-Sein ernst nimmt. Amtsträger und Laien zusammen gehören zu diesem Volk Gottes. Deshalb muß die noch immer statushafte Verwendung des Wortes „Kirche" aufhören, weil sie von der Kirche als einer Größe ausgeht, der man untersteht. Es muß ein personenbezogener Sprachgebrauch daraus werden: Alle Menschen des Volkes Gottes sind nämlich dazu berufen, die Gemeinschaft dieses Volkes zu bilden. Sie sind daher Kirche. Nur so kann die verhängnisvolle Polarisierung einer Kirche „von oben" oder „von unten" überwunden werden.
- Die Besinnung auf die drei Grundfunktionen der Gemeinde gehört zu den großen „Entdeckungen" des Konzils und der Synode. Es geht dabei freilich um kein bloßes Nebeneinander, sondern um ein inspirierendes Ineinander. Karl Lehmann faßt dieses Ineinander so zusammen: „Das rechte Verhältnis der drei Zielsetzungen untereinander ist der beste Gradmesser für die Situation einer Gemeinde. Alle drei Grundfunktionen brauchen sich gegenseitig zuinnerst: Wo die Verkündigung nicht in Besinnlichkeit und Gottesfurcht wurzelt, wird sie nichtssagend und geschwätzig. Wo sie sich nicht mehr in der Liebe bewährt, wird sie Ideologie; ein Gottesdienst, der nicht mehr vom lebendigen, deutenden Wort getragen wird, verdorrt zum Ritus; eine Liturgie, die nicht mehr neu in die Sendung ruft, verkümmert zum Kult, mit dem eine nach innen gewandte Gemeinde versorgt wird; ohne lebendige Erneuerung aus dem erweckenden Gotteswort erlahmt die Hingabekraft und der Mut der Liebe; Caritas ohne Gottesliebe wird leicht zum legalistischen Betrieb. So bedingen sich die wesentlichen Aufgaben der Kirche wechselseitig und kommen nur so zu ihrer Fülle. Es kann freilich trotz der geforderten Ursprünglichkeit in bestimmten Gemeinden und in manchen Phasen ihres Aufbaus gewisse Akzentsetzungen geben, die z. B. die Diakonie stärker in den Vordergrund rücken. Zugleich wird aber das inspirierende Ineinander dieser drei Grunddienste auch zu einem Kriterium werden, ob irgendwo christliche Gemeinde lebt oder sich jedenfalls um ihre volle Sendung bemüht. Wo nur eine Zielsetzung auf die Fahnen geschrieben

wird, besteht Grund zur Vorsicht und zum Mißtrauen. Immerhin, wenn eine Grundfunktion in ihrer ganzen Tragweite übernommen wird, dann wird man gleichsam von selbst – vielleicht in anderen Formen – auch die übrigen Sendungen wiederentdecken. Darum ist eine je nach Umständen ‚einseitige' Vorordnung, z. B. der Diakonie durchaus möglich, ja vielleicht geboten."

4.4 Gemeinde und CIC

Im Codex Iuris Canonici von 1917 war im wesentlichen der tridentinische Pfarreibegriff übernommen worden; dieser war vorwiegend territorial bestimmt. So werden die Pfarreien auch folgerichtig als „distinctae partes territoriales" (c. 216 § 1) bezeichnet. Nach dem alten Codex konnte die Pfarrei gar nicht als einheitliches Rechtssubjekt aufgefaßt werden, weil von zwei verschiedenen Rechtspersönlichkeiten innerhalb der Pfarrei ausgegangen wurde, nämlich der Pfarrpfründe und der Pfarrkirchenstiftung. Darüber hinaus schoben sich noch andere sekundäre Momente in den Vordergrund, wie territoriale Abgrenzung, Kirchengebäude und Vermögensmasse. Der CIC von 1983 geht dagegen stärker von einer ekklesiologischen Sichtweise der Pfarrei aus. Diese läßt sich in drei Punkten zusammenfassen (vgl. Skizze 14):

Skizze 14:
Gemeinde nach dem CIC (1983)

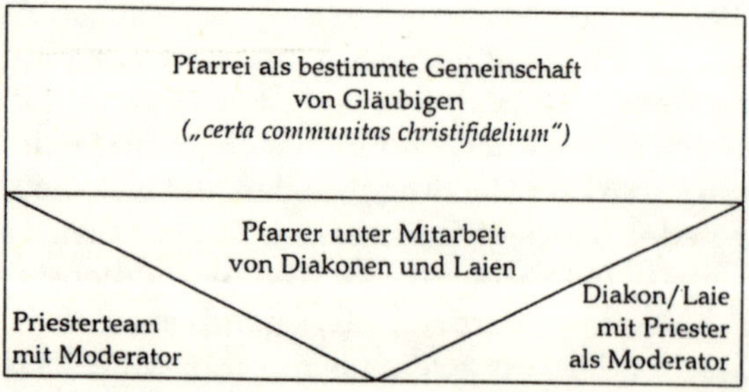

1. Die Pfarrei wird definiert als eine bestimmte Gemeinschaft von Gläubigen („certa communitas christifidelium: c. 515 § 1). Mit dieser Umschreibung ist wohl der Begriff „Pfarrgemeinde" durch das allgemeine Kirchenrecht legitimiert. Pfarrei ist somit keine ausschließlich rechtlich umgrenzte Verwaltungseinheit der Diözese mehr, sondern eine Glaubensgemeinschaft. Die territoriale Abgrenzung wird zwar weiterhin als Regelfall vorgesehen, ist aber nicht mehr konstitutiv für die Bestimmung der Pfarrei. Im Unterschied zu früher ist nunmehr klar, daß jede rechtmäßig errichtete Pfarrei, ob Territorial- oder Personalpfarrei, von Rechts wegen eine juristische Person darstellt (c. 515 § 3). Die Pfarrei umfaßt demnach eine einheitliche Wirklichkeit und hat eine allen Gläubigen zukommende Sendung in der Welt wahrzunehmen.
2. Eine Pfarrei wird auf Dauer innerhalb einer Teilkirche errichtet (c. 515 § 1). Dem Diözesanbischof kommt das Recht zu, Pfarreien – nach Anhörung des Priesterrates – zu errichten, aufzuheben oder zu verändern (c. 515 § 2). Damit kommt zum Ausdruck, daß die in der jeweiligen Teilkirche vorgeschriebene Pfarrstruktur jeweils den pastoralen Erfordernissen angepaßt werden muß.
3. Die Seelsorge einer Pfarrei wird einem Pfarrer als eigenem Hirten anvertraut (c. 515 § 1), wobei dem Bischof in aller Regel ein freies Ernennungsrecht zusteht. Wenngleich der Pfarrer sein Amt nur in Gemeinschaft mit dem Bischof und in Abhängigkeit von ihm ausüben kann, ist sein Amt durch Eigenständigkeit (c. 519) und Dauerhaftigkeit (c. 522) gekennzeichnet. Aus der Tatsache, daß in der begrifflichen Umschreibung der Pfarrei die Aussage des Konzils, Laien als Mitträger der Heilssendung zu betrachten, fehlt, kann nicht abgeleitet werden, die Gläubigen seien lediglich Objekt der Seelsorge. Dagegen spricht nicht nur die Bewertung der Pfarrei als einheitliches Rechtssubjekt, sondern auch der ausdrückliche Hinweis auf die Pfarrer, „den eigenen Anteil der Laien an der Kirche anzuerkennen und zu fördern". Darüber hinaus sollten sie bemüht sein, „daß die Gläubigen für die pfarrliche Gemeinschaft Sorge tragen, sich in gleicher Weise als Glieder sowohl der Diözese wie der Gesamt-

kirche fühlen und an Werken zur Förderung dieser Gemeinschaft teilhaben oder sie mittragen" (c. 529 § 2).

Bezüglich der Gemeindeleitung sieht der Codex verschiedene Formen vor:

1. Als Regelfall gilt die Leitung einer Pfarrei durch einen Pfarrer: „Wegen Priestermangels oder anderer Umstände aber kann die Sorge für mehrere benachbarte Pfarreien demselben Pfarrer anvertraut werden" (c. 526 § 1). Um aber Überforderungen zu verhindern, soll auf die Möglichkeit der Mitarbeit von Diakonen und Laien zurückgegriffen werden.
2. Die Seelsorge für eine Pfarrei oder mehrere Pfarreien kann nach c. 517 § 1 auch einem Priesterteam anvertraut werden. Dabei ist es allerdings notwendig, daß einem Priester des Teams die Funktion des Leiters (Moderators) zukommt: Er hat die Aufgabe, die Teamarbeit zu leiten und sie dem Bischof gegenüber zu verantworten.
3. Der Diözesanbischof hat weiter die Möglichkeit, im Falle des Priestermangels einen Diakon, Laien oder eine Gemeinschaft von Personen an der Wahrnehmung der Seelsorgsaufgaben einer Pfarrei zu beteiligen. Auch hier gilt allerdings die notwendige Voraussetzung, daß ein Priester bestimmt wird, der die Seelsorge leitet (moderiert).

Die *Bischofssynode* von 1987 und das nachsynodale Schreiben von Papst Johannes Paul II. *„Christifideles laici"* vom 30. 10. 1988 haben noch einmal betont, daß die Pfarrstruktur nicht abgeschafft werden soll; verstärkt sollen allerdings die Bemühungen werden, der Pfarrei „angemessenere Strukturen" und einen „neuen Elan" zu geben. Die örtlichen Autoritäten sollen dafür Sorge tragen, „daß a) die Pfarrstrukturen den Situationen mit der großen Flexibilität, die das Kirchenrecht vor allem durch die Förderung der Teilhabe der Laien an der pastoralen Verantwortung gewährt, angepaßt werden; b) die kleinen Basisgemeinschaften, auch lebendige Gemeinden genannt, in denen die Gläubigen einander das Wort Gottes verkündigen und im Dienst und in der Liebe tätig werden können, wachsen. Diese Gemeinden sind in Gemeinschaft mit ihren Hirten wahre Konkretisierungen der kirchlichen communio und Zentren der Evangelisierung" (Christifideles laici, Nr. 26).

5.
Gemeindetheologie und ihre Kontexte

Die neutestamentliche und historische Vergewisserung über Gemeindeformen hat erwiesen, daß es immer schon eine Pluralität von Gemeindewirklichkeit gegeben hat. Diese Pluralität ist allerdings nicht beliebig, sondern hat zwei Bezugspunkte oder unhintergehbare Prämissen. Zum einen muß sie sich erkennbar auf die heilsgeschichtliche Basis zurückbeziehen, daß Gott sich immer wieder ein Volk als Eigentum erwählt: So versteht sich Kirche von Anfang an als das „neue Israel" und bindet sich dadurch sowohl an das alttestamentliche Gottesvolk als auch an die durch Jesus begonnene neue Sammlung des Gottesvolkes. Im dritten Hochgebet des Meßkanons kommt diese schöpferische Kraft Gottes zum Ausdruck: „Ja, du bist heilig, großer Gott, und alle deine Werke verkünden dein Lob. Denn durch deinen Sohn, unseren Herrn Jesus Christus, und in der Kraft des Heiligen Geistes erfüllst du die ganze Schöpfung mit Leben und Gnade. Bis ans Ende der Zeiten versammelst du dir ein Volk, damit deinem Namen das reine Opfer dargebracht werde vom Aufgang der Sonne bis zum Untergang."

Der Rückbezug auf das erwählende Handeln Gottes ist das eine; das andere aber ist das Ernstnehmen der Gegenwart und ihrer aktuellen Herausforderung: Ursprungsnorm und Situationsbezug können nicht auseinanderdividiert werden. Die Praktische Theologie will gerade in der Rezeption von Human- und Sozialwissenschaften diesen Situationsbezug ernst nehmen. Für diese Kooperation bedarf es aber zunächst grundsätzlicher Überlegungen, es reicht keine naive Übernahme human- oder sozialwissenschaftlicher Ergebnisse.

5.1 Verhältnisbestimmung von Praktischer Theologie und Sozialwissenschaften

Im Verhältnis zu den Sozialwissenschaften steckt von seiten der Praktischen Theologie oft der angestrengte Versuch, den Kontakt mit der Kultur der Gegenwart nicht zu verlieren. Die Frage nach dem Selbstverständnis der Praktischen Theologie und ihrer Einheit als Disziplin bleibt bei diesen Bemühungen häufig unterbelichtet. Es geht mir bei meinem Ansatz um die Einheit der Praktischen Theologie auf der einen Seite und den Kontakt zur Kultur der Gegenwart auf der anderen. Unter dieser Perspektive erfährt die Rezeption der Sozialwissenschaften in der Praktischen Theologie ein kritisches Korrektiv:

1. Es gibt eine höchst einseitige Beziehung zu den Sozialwissenschaften: Die Praktische Theologie ist häufig der empfangende, die Sozialwissenschaft der gebende Teil; es besteht zudem kein vergleichbares Interesse der Sozialwissenschaft an der Praktischen Theologie.
2. Häufig werden die sozialwissenschaftlichen Ansätze einlinig gebraucht, und es wird jeweils nur ein Ansatz rezipiert (etwa die Kritische Theorie aus der Frankfurter Schule, die Psychoanalyse Freuds, der wissenssoziologische Ansatz oder heute die Organisationsentwicklungstheorie).
3. Die aus den Sozialwissenschaften rezipierten Ergebnisse werden unmittelbar anwendungsorientiert behandelt. Darüber hinaus sollte künftig mehr die analytische Potenz der Praktischen Theologie eingebracht werden.
4. Der Austausch mit den Sozialwissenschaften geschieht häufig auf der Ebene einer Subdisziplin in der Praktischen Theologie (vgl. kognitive Stufentheorien in der Religionspädagogik). Dadurch ist die Einheit der Praktischen Theologie insgesamt gefährdet.

Der Gewinn eines solchen Vorgehens könnte in einem fünffachen Ertrag liegen:

1. Der Dialog zwischen unterschiedlichen Partnern sollte als solcher markiert werden. Freilich darf auch deutlich bleiben, daß ein wesentlicher Teil der Grundfragen jeweils gemeinsam ist.
2. Die Sozialwissenschaften sollten nicht einfach in das Pro-

krustesbett theologischer Interessen gezwängt werden, sondern in ihrem spezifischen, allerdings auch begrenzten Erkenntnisinteresse wahrgenommen werden.

3. Kritisch ist ferner zu sehen: Die Sozialwissenschaften sind nicht nur die Interpreten der modernen Kultur, sondern auch ihr Ausdruck und ihre Folge. Das bedeutet nicht, sie naiv kritisieren oder durch Eingrenzung auf eine spezifische Ursprungskultur in ihrer Bedeutung relativieren zu wollen. Sie können im Gegenteil dadurch als Quelle für das praktisch-theologische Verständnis des Menschen in der Moderne dienen.
4. Wichtig wäre eine Erweiterung des anwendungsorientierten Gebrauchs der Sozialwissenschaften auf einen mehr analytischen Zugang. Damit würde auch die häufig einseitige „Tandem-Bildung" (H. Schroer) zwischen Praktischer Theologie und einem einzigen sozialwissenschaftlichen Ansatz erschwert.
5. Ferner muß auch zwischen legitimen und illegitimen Formen der Auswahl unterschieden werden. Legitim ist die Selektivität bei der Beschränkung auf eine Forschungsmethode, um angesichts von knapper Zeit, knappen Mitteln und eigener Begrenzung überhaupt noch zu Ergebnissen kommen zu können. Die Legitimität dieser Selektivität endet aber beim analytischen Gebrauch sozialwissenschaftlicher Theorien. Das würde nämlich zu einer Verabsolutierung einer einzigen Methode führen.

Die Spannung zwischen dem Erfordernis disziplinärer Einheit und interdisziplinärer Bezogenheit in der Praktischen Theologie wird bleiben: Sie darf weder *naiv-sorglos* noch *abwehrend-hermetisch* noch *progressistisch* aufgelöst werden. Wenn also im folgenden einige sozialwissenschaftliche Ansätze vorgestellt werden, so nicht deshalb, weil die Sozialwissenschaften die Antwort auf Fragen haben, vor denen die Theologen ratlos sind, sondern weil sie helfen, Gegenwartssituationen präzise zu beschreiben und dadurch naive Handlungsmuster zu verhindern.

5.2 Franz Xaver Kaufmann: Die Verkirchlichung des Christentums

F. X. Kaufmann hat behauptet, daß eine praktische Theologie, welche nur ein mehr oder weniger utopisches Programm der christlichen Gemeinde entwirft, ohne die gesellschaftlichen und kirchlichen Strukturen nach der Realisierungschance zu befragen, nicht praktisch sei, sondern sich vielmehr im theoretischen Niemandsland bewege. Die zentrale These Kaufmanns in seinem Buch „Kirche begreifen. Analysen und Thesen zur gesellschaftlichen Verfassung des Christentums" (Freiburg 1979) lautet, daß die Kirche sich zu einem spezifischen System ausdifferenziert hat. Diesen Prozeß beschreibt er als *Verkirchlichung des Christentums* (vgl. Skizze 15): Die Gesellschaft weist

Skizze 15:
Position von Franz Xaver Kaufmann

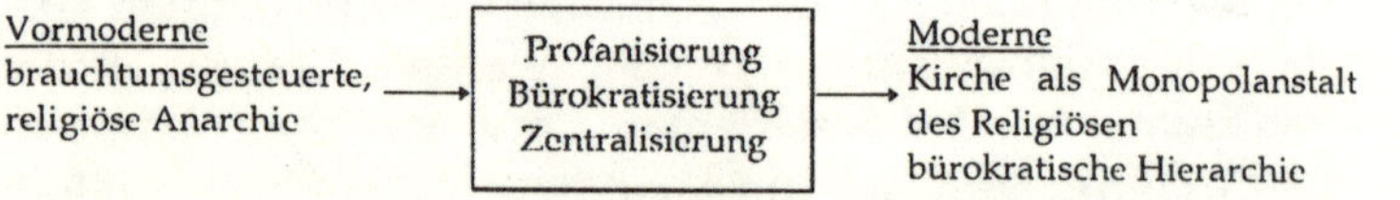

Modelle der Deutung von Christentum und Moderne

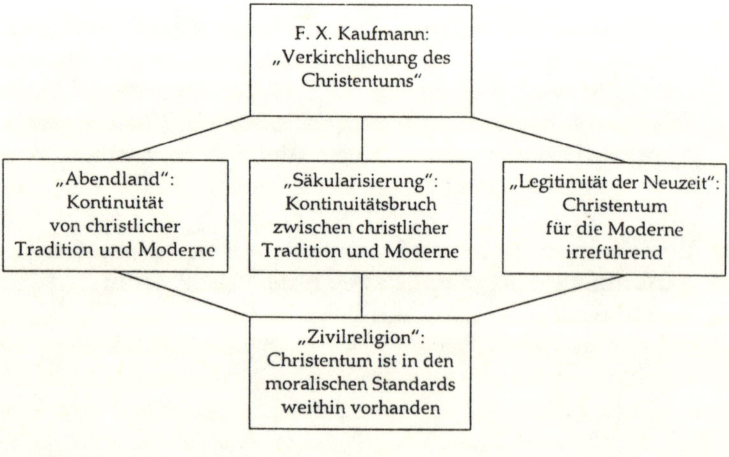

der Kirche als spezialisierter Instanz die Zuständigkeit für die christliche Religion zu und diese wird von der Kirche auch dankbar wahrgenommen. Damit verbunden ist freilich eine Reduktion des Christlichen, die für die Praxis erhebliche Konsequenzen hat. Im öffentlichen Bewußtsein nämlich ergibt sich dadurch eine Identifikation von etablierter Amtskirche und Kirche insgesamt. Daneben aber wächst notgedrungen ein Christentum außerhalb der Kirche.
Kaufmann plaziert seinen Ansatz von der „Verwirklichung des Christentums" innerhalb von fünf momentan gängigen und möglichen Modellen der Deutung von Christentum und Moderne:

1. Der Begriff des Abendlandes
Der Terminus „Abendland" will die Kontinuität von Moderne und christlicher Tradition hervorheben. Zum Programm erhebt er die These, daß die sogenannte abendländische Kultur auch heute noch das gültige und zu erhaltende Wertesystem westlicher Gesellschaften bilde.

2. Der Begriff der Säkularisierung
Diese Metapher geht von einem Kontinuitätsbruch zwischen Moderne und abendländischem Christentum aus. Sie konstatiert eine zunehmende Bedeutungslosigkeit christlicher Sinngehalte für das kulturelle Selbstverständnis in der Gegenwart.

3. These von der Legitimität der Neuzeit
Diese Metapher wurde vom Philosophen Hans Blumenberg entwickelt: Sie behauptet, daß die Moderne sich gegen den Widerstand des Christentums und seinen theologischen Absolutismus durchsetzen mußte. Demnach schuldet die Moderne dem Christentum nichts, nicht einmal ihre Herkunft: Das Christentum ist in diesem Sinn für die Moderne irrelevant.

4. These von der Verkirchlichung
Diese Ansicht geht von der Beobachtung aus, daß sich das Christentum nicht in einem diffusen Humanismus aufgelöst hat, sondern sich im Gegenteil in Formen besonderer und organisierter Religionsgemeinschaften sogar gefestigt und mo-

dernisiert hat. Die Moderne steht also der Kirche nicht als eine Eigengröße gegenüber, sondern wird unbewußt auch kirchlich durchgesetzt. Im Zuge der Modernisierung kommt es daher nicht nur zu einem Ausdifferenzierungsprozeß der Religion als spezifischer Sinnprovinz, sondern auch zur Übernahme von typisch modernen Strategien in der Kirche: etwa der Häufung von Verlautbarungen und schriftlichen Produkten, Weltreisen des Papstes, Ausnutzen der modernen Kommunikationstechnologien für alte Ziele; Kontrolle, Durchsetzung von Hierarchie.

5. Die These von der Zivilreligion

Diese Metapher behauptet, daß das Christentum in der Moderne seine Funktion nicht verloren, aber verändert hat: Es ist als Sediment in den allgemeinen moralischen Standards der Gesellschaft weiterhin vorhanden. Diese Position spricht allerdings dem Christentum einen exklusiven Wahrheitsanspruch ab. Franz Xaver Kaufmann favorisiert die These von der Verkirchlichung des Christentums. Er behauptet näherhin: Die Sozialform des Katholizismus, die sich im 19. Jahrhundert als Abschirmungsstrategie gegen die Einflüsse der liberalen Kultur entwickelt hat, ist heute am Zerbröckeln. Diesen Vorgang versucht man innerkirchlich aufzuhalten, indem man auf *Bürokratisierung* in der Kirche setzt: Die gesellschaftlich dominanten Organisationsformen kommen aber gerade dadurch innerkirchlich zu höchsten Ehren, vermindern jedoch die Tradierungschancen des christlichen Glaubens erheblich.

Die Verkirchlichung des Christentums nimmt sich in den Augen der Gläubigen so aus: Alle wesentlichen Manifestationen von Kirche werden von hauptamtlichem Personal durchgeführt; es kommt zu einer Professionalisierung des Glaubens. Deshalb begreifen die Gläubigen die ureigensten Aufgaben wie religiöse Erziehung oder auch Weitergabe des Glaubens nicht mehr als ihre Sache, sondern erwarten sie als Leistung von der Kirche, die sie ja auch finanziell unterstützen. So fallen die naheliegendsten Identifikationspersonen als religiöse Vorbilder (z. B. Eltern) immer mehr aus. Aber auch der Klerus, der nun ex professo die Bezugspersonen stellen müßte, gibt wegen des Priestermangels und der Fremdheit der klerikalen Lebenswelt für die Gläubigen – vor allem für die mittlere Generation – keine Identifikationsfigur mehr ab; wegen der zunehmenden Überalterung fällt er für die Jugendlichen als signifikant anderer ganz aus.

Was sind die Konsequenzen der Verkirchlichung des Christentums? „Die Bedeutung des Christentums in der Öffentlichkeit geht zurück und konzentriert sich auf die etablierten Amtskirchen, die als solche bis auf weiteres unbedroht sind und auch durchaus gesellschaftliche Funktionen wahrnehmen. Der Umstand, daß die westlichen Gesellschaften noch keine anderen moralischen Instanzen als die Kirchen hervorgebracht haben und trotz aller Säkularisierung ohne moralische Anstalten nicht glauben auskommen zu können, sichert den Kirchen zumindest gesellschaftliches Ansehen, wenn auch nicht notwendigerweise geistigen Einfluß, sei es auf das öffentliche Leben, sei es auf die private Lebensführung. Dieser geistige Einfluß scheint – wie nahezu alle diesbezüglichen Untersuchungen zeigen – zur Zeit rückläufig. Die Inkongruenz kirchlicher und gesellschaftlich dominanter Wertorientierungen wird nur von solchen Personen ohne erhebliche Konflikte ausgehalten, die aus einem intensiv christlichen Elternhaus stammen und/oder intensiven sozialen Kontakt zu kirchlichen Repräsentanten oder zu Gleichgesinnten pflegen. Wo der Konflikt manifest wird, wird er in der Regel in der Form einer Distanzierung von der Kirche und dem durch sie repräsentierten Christentum gelöst. Man versteht sich dann vielleicht noch eine Generation als nicht-kirchlicher Christ, aber aus soziologischer Perspektive ist die Tradierbarkeit eines solchen außerkirchlichen Christentums eine außerordentlich unwahrscheinliche Angelegenheit. Christentum ohne institutionellen Rückhalt ist historisch kaum denkbar."[17] Die Verkirchlichung des Christentums hat also zwei negativ eskalierende Konsequenzen: Sie führt intern zur Steigerung von Bürokratie und Verwaltung und extern zur Minimierung der eigenen Glaubwürdigkeit.

Nach Auffassung Kaufmanns kann eine neue Glaubwürdigkeit für das Christsein nur erreicht werden, wenn drei Voraussetzungen erfüllt werden:

a) Das Christentum hat dann eine Zukunftschance, wenn es ihm gelingt, den Glauben im Horizont der Moderne neu auszulegen und plausibel zu machen.

b) Bloße Gesellschaftskritik allein genügt nicht. Die Glaubwürdigkeit eines zukünftigen Christentums wird nicht zuletzt davon abhängen, ob es ihm gelingt, neue Sozialformen christlichen Lebens zu entwickeln. Früher leisteten dies die Ordensbewegungen; heute muß geprüft werden, ob dies nicht in den christlichen Gemeinden geschehen kann.

c) Einen starken Gewinn an Glaubwürdigkeit werden exemplarische Lösungen von sozialen Problemen hervorrufen. Zu denken wäre hier an Krankenhäuser, die aus christlichem Geist das Problem von Krankheit und Sterben in unserer Gesellschaft angehen oder an die menschliche Lösung des Asylantenproblems, wie es vor allem Gemeinden leisten könnten.

5.3 Karl Gabriel: Von der halbierten zur radikalisierten Moderne

Karl Gabriel ist aufgrund der drastischen Kirchenaustrittswelle und dem erheblichen Abnehmen der Gottesdienstbesucher (fast um ein Drittel) von 1968 bis 1972 zu der Auffassung gelangt, daß die Sozialform des Katholizismus trotz Industrialisierung und Wirtschaftswundermentalität nach dem Zweiten Weltkrieg noch relativ stabil war: Es war eine traditionale Insel mit ziemlicher Abschirmung nach außen. Gabriel spricht von einer „versäulten Gesellschaft“: Einzelne Milieus bildeten Lebenswelten für sich, an deren Grenzen die Folgeprobleme der Modernisierung für die individuelle Lebensgestaltung abgehalten wurden. Man kann regelrecht von einer „halbierten Moderne“ reden.
Diese Milieugrenzen brachen genau in diesem Zeitraum auf. Nun wurden auch die katholischen Bevölkerungsteile mit für sie unbekannten Bildungs- und Mobilitätschancen konfrontiert. Dieser Umbruch geschah Ende der 60er Jahre: Er bedeutete für die Angehörigen des katholischen Milieus ein Ende der versäulten Gesellschaft, die als Kennzeichen die stabile Zuordnung zu einer dominanten Sozialstruktur hatte, von der

aus alle anderen gesellschaftlichen Subsysteme erschlossen wurden. In der festen Verankerung in einem System erfuhren alle anderen eine sinnhafte Integration. An einem Beispiel kann man dies veranschaulichen: Wer als Katholik geboren wurde, blieb in dieser stabilen Zuordnung fest. Davon abhängig war dann auch das Wählen einer christlichen Partei. Vom christlichen Sektor aus wurden alle weiteren Erfahrungsbereiche gesteuert.

In einer entsäulten, funktional differenzierten Gesellschaft ergibt sich dagegen der gleiche Zugang zu allen Subsystemen. Die Teilnahmeformen an diesen Subsystemen variieren nur noch zwischen dem Rollentypus des professionell Handelnden und des Teilnehmenden. Professionell kann man nur in *einem* Teilnahmesystem handeln, während alle anderen Teilnahmeformen partiell sind. Die Wahl einer spezifischen Rollenkombination ist daher für den einzelnen unabdingbar. Das hat zur Folge, daß die Teilnahmemotive von den einzelnen Systemen nicht mehr voll kontrollierbar sind und die Motivlagen stark variieren können. Für die Kirche hat dies zur Folge, daß sie die religiösen Motive der einzelnen Gläubigen stärker berücksichtigen muß als früher.

Angesichts der radikalisierten Moderne lassen sich momentan drei kirchliche Reaktionsformen beschreiben:

1. Der fundamentalistische Rückzug

Dieser Rückzug versucht im „Tigersprung nach hinten" den Problemen der Gegenwart zu entrinnen.

2. Das alternative, basiskirchliche Christentum

So richtig basiskirchliche Aufbrüche sind, als Monopolversuch gegen die Volkskirche würden sie die Pluralität des Katholizismus aufheben und den Zugang zum Christsein sektenhaft verengen.

3. Pluriformer Katholizismus

Für Gabriel ist diese Reaktion die einzig chancenreiche: Sie würde bedeuten, in einer pluriformen Sozialgestalt von Kirche keinen Abfall von der eigenen Tradition zu sehen, sondern eine gute Möglichkeit für eine zeitgemäße und glaubwürdige

Realisationsform des Christseins in einer strukturell plural geprägten Gesellschaft. Für die christliche Gemeinde impliziert dies, daß sie Milieus ausprägen helfen muß, in denen sich Freiheitsfähigkeit, Mündigkeit, befristete Mitarbeit und Entschiedenheit miteinander verknüpfen lassen.

Skizze 16:
Position von Karl Gabriel: Von der versäulten zur entsäulten Gesellschaft

---

bis in die 60er Jahre: versäulte Gesellschaft

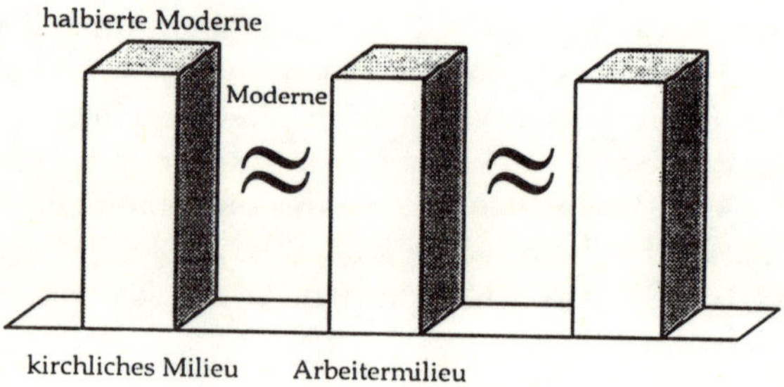

seit den 60er Jahren Entsäulung

drei Reaktionen:
1. fundamentalistischer Rückzug
2. alternative Basiskirche
3. pluriformer Katholizismus

5.4 G. Schulze: „Erlebnisgesellschaft"

Skizze 17:
Erlebnisgesellschaft nach G. Schulze

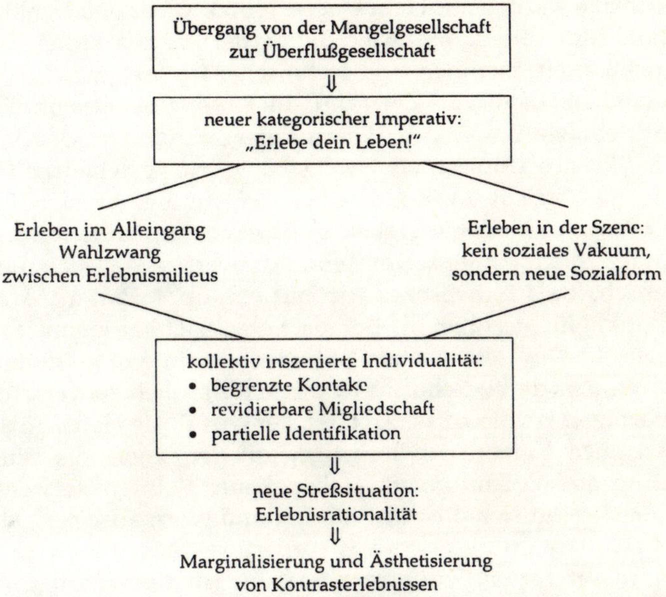

5.4.1 *Der Übergang von der Mangelgesellschaft zur Überflußgesellschaft*

Gerhard Schulze geht davon aus, daß sich in der Nachkriegszeit aus der Mangelgesellschaft eine Überflußgesellschaft in den 80er Jahren entwickelt hat. „Seit der Nachkriegszeit hat sich die Beziehung der Menschen zu Gütern und Dienstleistungen kontinuierlich verändert. Wohin die Entwicklung gegangen ist, wird am Wandel der Werbung besonders offensichtlich. Wurde zunächst der Gebrauchswert der Produkte in den Mittelpunkt der Präsentation gestellt – Haltbarkeit, Zweckmäßigkeit, technische Perfektion –, so betonen die

Appelle an den Verbraucher inzwischen immer stärker den Erlebniswert der Angebote. Produkte werden nicht mehr als Mittel zu einem bestimmten Zweck offeriert, sondern als Selbstzweck. Sie sollen an sich zufriedenstellen, unabhängig von ihrer Verwendbarkeit für irgend etwas. Design und Produktimage werden zur Hauptsache, Nützlichkeit und Funktionalität zum Accessoire. Gerade in der Vermarktung von Brauchbarkeit, Derbheit und technischer Perfektion wird die Nebensächlichkeit von Zwecken, die jenseits der unmittelbaren Erlebnisfunktion von Waren liegen, besonders deutlich. Ästhetik wird ironisch als Zweckmäßigkeit verschleiert. Geländeautos beispielsweise sind vordergründig zweckmäßig, nur besitzt Geländegängigkeit in unserem asphaltierten und betonierten Ambiente kaum Gebrauchswert, so daß sich diese Eigenschaft als ästhetisches Attribut entpuppt. Pragmatik als Ästhetik, Nüchternheit als Berauschung, Sachbezogenheit als Koketterie. Das Geländeauto ist mit verchromten Stoßstangen armiert, das derbe Schuhwerk mit empfindlichem verschiedenfarbigen Wildleder verarbeitet, der wichtigste Hebel an der trickreichen Kamera ist derjenige, mit dem man das Wunderding auf Vollautomatik stellen kann."[18] Im historischen Vergleich zeigt sich die Ausbreitung und Normalisierung der Erlebnisorientierung als etwas Neuartiges. Mit der Bewältigung dieser neuen Bedingung sind wir noch beschäftigt, sowohl im Alltagsleben wie in der Kulturwissenschaft. Es wird deutlich, daß wir nicht am Ende aller Probleme angekommen sind, sondern bei ganz neuen, ungewohnten Schwierigkeiten. Auf diesem Hintergrund wird der Sachverhalt soziologisch interessant. Denn Schwierigkeiten wirken strukturbildend, ob es sich nun um mangelbedingte oder um überflußbedingte Probleme handelt. Durch die Erlebnisgesellschaft ist es zu einem ganz neuen Handlungstypus gekommen. Der alte Handlungstypus war das Handlungsmuster der aufgeschobenen Befriedigung, gekennzeichnet etwa durch das Sparen, das langfristige Liebeswerben, den zähen politischen Kampf, hartes Training, arbeitsreiches Leben, Entsagung und Askese. Bei diesen Handlungen wird die Glückshoffnung in eine ferne Zukunft projiziert, beim erlebnisorientierten Handeln dagegen richtet sich der Anspruch ohne Zeitverzögerung auf die

aktuelle Handlungssituation. Man investiert Geld, Zeit, Aktivität und erwartet den Gegenwert auf der Stelle.
Mit dem Projekt, etwas zu erleben, stellt sich der Mensch allerdings auch eine Aufgabe, an der er leicht scheitern kann; und dies umso mehr, je intensiver er sich diesem Projekt widmet und je mehr er damit den Sinn seines Lebens überhaupt verbindet. Mit dem Typus der Erlebnisgesellschaft hat sich insgesamt auch das Projekt des Lebens verändert. Es ist von einem Projekt des Dienens zu einem Projekt des Erlebens gekommen. Damit sind auch alte Werthaltungen revidiert worden. Die gesellschaftliche Situation wird nicht mehr unter dem Gesichtspunkt der Knappheit, sondern des Überflusses gesehen. Das alte Liebes- und Opfersyndrom zerfällt; an seine Stelle treten Werte der Selbstentfaltung, des unmittelbaren Erlebens und des Genießens. Es geht also nicht mehr primär um das Überleben, um die Sicherheit, um Abwehr von Bedrohungen und Kampf gegen Mangelerscheinungen, sondern es geht um die Lebensgestaltung jenseits situativ bedingter Probleme und unabhängig vom objektiven Vorhandensein solcher Probleme.

5.4.2 *Neue alltagsästhetische Schemata*

Schulze geht davon aus, daß unsere momentane Gesellschaft, obwohl dies auf den ersten Blick gar nicht erkennbar ist, sich in ganz neue und eigene und spezifische Milieus aufteilen läßt. Er unterscheidet drei Schemata, nämlich das *Hochkulturschema*, das *Trivialschema* und das *Spannungsschema*. Aus diesen drei Schemata wiederum entwickeln sich Stiltypen mit eigener Binnenkommunikation. Schulze unterscheidet näherhin das Unterhaltungsmilieu, das Selbstverwirklichungsmilieu, das Harmoniemilieu, das Integrationsmilieu und das Niveaumilieu.

5.4.3 *Der neue kategorische Imperativ lautet: „Erlebe dein Leben!"*

Erleben wird vom angenehmen Nebeneffekt nun zur Hauptaufgabe des Lebens. Um diesem kategorischen Imperativ gerecht werden zu können, braucht es eine neue Kompetenz. „Wer mit dem schlichten Ziel in den Supermarkt geht, ein

Stück Seife zu Sauberkeitszwecken zu erwerben, muß unverrichteter Dinge wieder nach Hause gehen. Seine Motivation reicht nicht aus, um sich zwischen den vielen Angeboten, die denselben Zweck erfüllen, zu entscheiden. Erst wenn sich der Konsument auf erlebnisorientierte Zusatzqualitäten einläßt, mit denen sich die Produkte hervortun – etwa wilde Frische, cremige Zartheit, erotische Formgebung oder Naturbelassenheit usw. –, ist er in der Lage, eine ganz bestimmte Seife wirklich zu wollen."[19] Diese Zusammenhänge haben zur Folge, daß es ganz neue Formen von Erlebnisgemeinschaften gibt. Diese Erlebnisgemeinschaften bilden die neuen Sozialmilieus. Abstammung und verwandtschaftliche Beziehungen, Religion, ökonomische Situation, ständische, kulturelle und lokale Zugehörigkeit haben als Gesichtspunkt der Auswahl von Interaktionspartnern an Bedeutung verloren. An erster Stelle ist nun die Erlebnisgemeinschaft gerückt.

5.4.4 *Neue Streßsituationen*

Durch die Betonung des Erlebnisses kommt es aber zu ganz neuen Streßsituationen. Die Erlebnisorientierung wird zum habitualisierten Hunger, der die Befriedigung geradezu verhindert. Im Moment der Erfüllung entsteht schon wieder die Frage, was denn nun als nächstes kommen soll. Die Befriedigung stellt sich gerade deshalb nicht mehr ein, weil die Suche nach Befriedigung zur Gewohnheit geworden ist („Melancholie der Erfüllung"). Man unternimmt weite Reisen, nicht um das Ziel zu bewundern, sondern sich dort zu fragen, wohin man denn das nächste Mal fahren soll. Wochenende und Urlaub, aber auch Partnerbeziehung, Ausbildung und Beruf sowie fast alle anderen Lebensbereiche geraten unter einen Erwartungsdruck, der Enttäuschungen erzeugt. Je ausschließlicher Erlebnisse zum Sinn des Lebens schlechthin gemacht werden, desto gravierender wird die Angst vor dem Ausbleiben von Erlebnissen. Zu dieser Angst vor Langeweile gesellt sich dann auch die Angst, etwas zu versäumen. So groß nämlich die Zahl der Angebote ist, so liegt doch im Konsum des Erlebnisses unvermeidlich immer auch eine Festlegung. Könnte es nicht sein, daß das andere Fernsehprogramm, das ich gerade nicht anschaue, nicht vielleicht doch besser ist. Vielleicht ist in der nächsten Diskothek, in der ich gerade nicht bin, mehr los als in dieser. Vielleicht hätte mir ein anderer Mensch mehr zu bieten als der, mit dem ich eine Beziehung eingegangen bin. Gewählt zu haben bedeutet immer auch, andere Möglichkeiten ausgeschlagen zu haben, ist eine Festlegung. Der entgangene Gewinn an Erlebnissen ist jedoch nicht zu kalkulieren. Weil also unmittelbar auf das Erlebnis zugesteuert wird, ist es möglich, daß der Aufbau schöner Erlebnisse vielleicht gar nicht mehr gelingt, was auch immer zur Verfügung stehen mag, auch wenn ständig nur von Traumjobs, Traumreisen, von Traumvillen und Traumpartnern die Rede ist.

5.4.5 *Die Umdeutung der Probleme*

Die Bedeutsamkeit der neuen existentiellen Problemdefinition zeigt sich vor allem in der subjektiven Verarbeitung von Problemen, die letztlich nicht ausschaltbar sind: etwa Krankheit, Tod, Katastrophen, Kriege, Verbrechen, Hunger, Armut, Arbeitslosigkeit, Umweltprobleme usw. In der Erlebnisgesellschaft werden sie allerdings mit zwei verschiedenen Verhaltensformen angegangen, mit der Ästhetisierung und Marginalisierung.

Die Ästhetisierung des Unglücks beginnt etwa bei den Informationsanbietern: „Sie verdichten die tägliche globale Ausbeute an schrecklichen Ereignissen zu kurzen Erlebniseinheiten. Kriegs- und Katastrophenberichterstattung hat sich zum Horror-Briefing entwickelt, bei dem die Veranschaulichung von Grenzsituationen, reduziert auf sekundenlange, hintereinander geschaltete Episoden, zur täglichen Routine geworden ist. Auf Distanz gehalten durch den Tonfall des Sprechers und durch die Einbettung der Nachricht in andere Erlebnisangebote gerät das Unglück in die Sphäre des Unwirklichen“ (vgl. dazu die Medienkritik von N. Postman oder G. Steiner).[20]

Das zweite Beispiel ist die Marginalisierung: In der Wohlstandsgesellschaft orientieren sich die Armen an der Lebensperspektive der Wohlhabenden. Wer von der Grenzenlosigkeit der Erlebnismöglichkeiten ausgeschlossen bleibt, neigt dazu, sich selber unsichtbar zu machen. Er stört das Erleben der anderen. Armut verflüchtigt sich also in saubergefegten Vororten. Bettler in Fußgängerzonen gehören bereits zum Bild der Szene. Der Trend geht dazu, charmant und erlebnisorientiert zu betteln. Augenfällig zeigt sich das Problem auch an der Behandlung von Umweltrisiken. Auf das Ausbleiben der winterlichen Schneefälle reagieren die Wintersportorte in den Alpen mit der Anschaffung von Schneekanonen. Auf die Algenblüten reagieren die Urlauber mit Umbuchungen. Auf das Waldsterben reagiert die Politik mit geschönten Waldschadensberichten. Die Probleme werden also marginalisiert und in ihrer Ernsthaftigkeit nicht mehr gesehen und wahrgenommen, geschweige denn, daß ein alternatives Handeln eingefordert würde.

5.4.6 *Zusammenfassung*

Zusammengefaßt kann gesagt werden, daß die heutige Gesellschaft viele Merkmale aufweist. Sie ist eine High-Tech-Gesellschaft, eine Konsumgesellschaft, eine Leistungsgesellschaft und Ellenbogengesellschaft; sie hat also eine multiple Identität. Vor allem aber ist sie auch eine Erlebnisgesellschaft. Diese Signatur hat einen großen Erklärungswert. Dieser Erklärungswert besteht in drei Dimensionen:

1. Der kategorische Imperativ „Erlebe dein Leben" hat zu einer Form von Erlebnisrationalität geführt. Der einzelne muß ein Arrangement von äußeren Umständen so erreichen, damit sich ein Erlebnis einstellt nach dem Motto: „Jeder Tag soll bunt, keiner grau sein."
2. Diese Erlebnisrationalität führt zunächst zum Alleingang. Ein Individualisierungsschub und Nötigung zum Wahlzwang sind die Konsequenzen. Es wachsen die „mißmutig Vergnügten" und die „lockeren Erlebnisverkrampften".
3. Durch die Erlebnisorientierung entsteht aber kein soziales Vakuum, sondern eine neue Form von Sozialität in der Szene, eine kollektiv inszenierte Individualität. Das heißt, es existiert kein fester Kodex des Verhaltens, aber auch kein soziales Vakuum. Sondern es gibt neue Sozialformen mit ganz bestimmten Ausdruckskennzeichen, nämlich:

- begrenzte Kontakte (zeitlich – räumlich),
- revidierbare Mitgliedschaften,
- partielle Identifikation.

4. Die Szenen entstehen jeweils an der Schnittlinie zwischen Privatheit und Öffentlichkeit. Die „Life-style-Angebote" der Erlebnisgesellschaft eröffnen die doppelte Gnade, jemand zu sein, ohne es allein sein zu müssen. Diese Form von Erlebnisgesellschaft stellt eine Herausforderung für das Christentum dar. Natürlich gibt es bestimmte Dimensionen, die sich dem Glauben sperren. Der Glaube kennt keinen religiösen Sofort-Service, keine Instant-Mystik und auch keine Transzendenzkontakte im Schnellverfahren. Was aber deutlich wird, ist dies: Auch die Kirche muß sich „in Szene" setzen. Um das leisten zu können, muß sie freilich ihre eigene „ererbte Introvertiertheit" überwinden.
5. Somit kann festgestellt werden, daß es auch in der Erlebnisgesellschaft eine Suche nach Religiosität gibt, aber in ganz neuer Form. Die christlichen Gemeinden kommen nicht daran vorbei, einen veränderten Umgang mit der persönlichen Freiheit der einzelnen, mit ihren individuellen Entwürfen gelungenen Lebens einzuüben.
6. Anknüpfungspunkte für die Gemeinden könnten sein:
   - Gegen aktualistische Erlebnisorientierung das Erleben des Gedenkens kultivieren (den Verstorbenen ein Gesicht geben, sich ihrer erinnern durch Gebet und Kerzen).
   - Subtile Zweifel gegen den Streß der Erlebnisorientierung ausstreuen: Was fehlt den Menschen, die alles haben?
   - Einen eigenen Suchprozeß beginnen; nicht traditionalistisch von den eigenen Traditionen zu sprechen. Auf einem Kongreß hat G. Schulze auf die Frage, was in einer Erlebnisgesellschaft zu tun sei, folgende, der christlichen Tradition nah verwandte Ratschläge gegeben:
     Definiere Ziele, die außerhalb deiner selbst liegen, und arbeite daran! (Transzendenzpostulat)
     Übe Rituale ein. Bekämpfe Wiederholungen nicht, sondern genieße ihren Wert! (Ritualitätspostulat)
     Lerne die Einfachheit lieben, entdecke den Reichtum der Armut! (Askesepostulat)

5.5 U. Beck: Risikogesellschaft

Skizze 18:
Erlebnisgesellschaft nach Ulrich Beck

Trends in der „modernisierten Moderne"

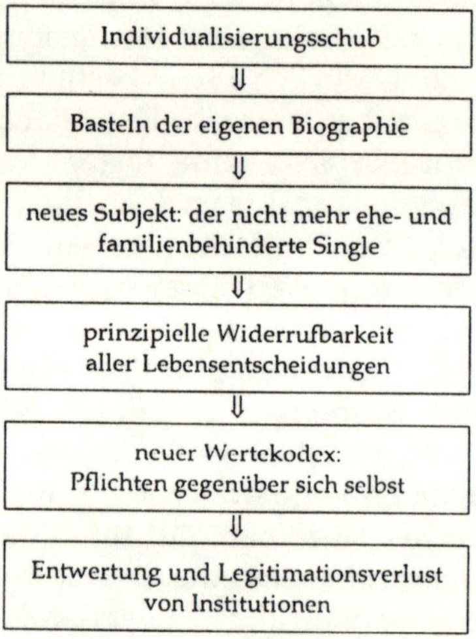

Das Stichwort, das der Bamberger Soziologe (jetzt in München lehrend) Ulrich Beck in die Debatte geworfen hat, lautet: Risikogesellschaft. Seine Analyse führt den Untertitel „Auf dem Weg in eine andere Moderne". Ich möchte im folgenden die Thesen von Ulrich Beck in einer gerafften Zusammenfassung darstellen:

1. In den entwickelten postindustriellen Gesellschaften verlieren die überlieferten sozialen Bezüge von Klasse, Schicht, Familie und Geschlecht zunehmend an Wert und Wirklichkeit. Der einzelne wird aus traditionalen Klassenbindungen und Versorgungsbezügen der Familie samt den darin verbürgten traditionalen Sicherheiten herausgelöst und erfährt sich in einer neuen Unmittelbarkeit zur Gesellschaft.
   Beck begreift diesen Vorgang als einen Individualisierungsschub von bislang unerkannter Reichweite und Dynamik,

durch den der einzelne einerseits freigesetzt wird, andererseits aber neuen Zwängen, genauer dem Zwang, sich auf dem Markt behaupten zu müssen, unterworfen wird. Dieser Zwang der sozialen und ökonomischen Selbstbehauptung, Selbstverwirklichung und Selbstreproduktion wirft den einzelnen gleichsam auf sich selber zurück, bürdet ihm allein die Verantwortung für sein Arbeitsmarktschicksal auf und relativiert damit zugleich jene Bindung an die Stände, die dem einzelnen in früheren Zeiten in gewissem Maße Schutz und Halt gewährten. Die Bindung an eine soziale Schicht, an eine Familie, an den einmal gewählten Beruf, an eine Nachbarschaft, an eine regionale Kultur, ja selbst die Einbindung in eine bestimmte Geschlechtslage als Mann oder Frau geht zurück. Der erste Trend also, von dem Ulrich Beck spricht, heißt Individualisierungsschub.

2. Damit wird die individuelle Planung und Gestaltung des Lebenslaufes zu einem notwendigen Schritt, zugleich aber auch zu einem riskanten Wagnis, zu einem Spiel um Gewinn und Verlust: Vorgeformte, überlieferte, durch Schicht, Milieu und Familie abgesicherte und vielfach erprobte Biographiemuster tragen nicht länger; mehr und mehr muß der einzelne seine Biographie unter Verwendung freilich hochgradig standardisierter Bausätze biographischer Kombinationsmöglichkeiten selber zusammenbauen. Er wird zum Akteur seiner marktvermittelten Existenzsicherung und der darauf bezogenen Biographieplanung und -organisation. Mehr und mehr wird ihm dabei die Verantwortung für die Folgen falscher, häufiger noch: für die Folgen versäumter Entscheidungen höchstpersönlich angelastet. Oft genügt ein falscher Griff – im Bereich etwa von Wohnsitzwahl, Berufswahl, Arbeitsplatzwahl, Partnerwahl oder Familienplanung – und der ungeschickte Biographiebastler gerät ins Aus, wird zum Biographiegeschädigten, ohne daß ihn noch die solidarischen Netze eines Standes, einer Schicht, einer Klasse bzw. irgendwelche ständisch geprägten kulturellen oder familialen Lebenslaufrhythmen auffangen könnten. Bei solchem Spiel gibt es Gewinner und Verlierer, und es entsteht eine neue Form gesellschaftlicher Randständigkeit, Asozialität, die nichts mehr mit Klassen-

oder anderen Kollektivschicksalen zu tun hat. Es fehlen auch die Solidaritätsmuster und Umgangsformen einer Kultur, die mit Armut zu leben wußte.
Die zweite Herausforderung heißt also: Individuelle Planung des Lebenslaufes mit allen Risiken und Scheiternsmöglichkeiten, die es gibt.

3. Die genannten Entwicklungen haben längst auch die Familie erreicht und greifen damit unmittelbar in die mit ihr aufs engste verbundenen lebenszyklischen Abläufe und Muster ein. In dem zu Ende gedachten *Marktmodell der Moderne,* konstatiert Beck, wird die familien- und ehelose Gesellschaft als heimliches Ziel mitdefiniert. Jeder muß selbständig, frei für die Erfordernisse des Marktes sein, um seine ökonomische Existenz zu sichern. Das Marktsubjekt ist in letzter Konsequenz das alleinstehende, nicht partnerschafts-, ehe- oder familienbehinderte Individuum. Entsprechend ist die durchgesetzte Marktgesellschaft auch eine kinderlose Gesellschaft – es sei denn, die Kinder wachsen bei mobilen, alleinerziehenden Vätern und Müttern auf. So erscheint am Horizont der Entwicklung die „Spagatfamilie" (mit Kinderabteil im Reiseexpreß), wenn nicht gar die „vollmobile Single-Gesellschaft", deren Grundfigur die „Existenzform des Alleinstehenden" ist. Bis dahin müssen wir uns freilich – so Beck – noch mit der „Verhandlungsfamilie auf Zeit" behelfen, in der sich verselbständigende Individuallagen ein widerspruchsvolles Zweckbündnis zum geregelten Emotionalitätsaustausch auf Widerruf eingehen.
Ergebnis der Moderne ist also nicht das freie Subjekt, sondern das Entstehen eines Marktsubjekts, nämlich der nicht mehr familien- oder ehebehinderte Single.
4. Die prinzipielle Revidierbarkeit von Lebensentscheidungen, die dieses Gesellschaftsmodell nicht nur impliziert, sondern geradezu fordert, steht natürlich in einem eklatanten Gegensatz zur Vorstellung eines an einen festen Zyklus gebundenen Lebenslaufes, dessen einzelne Phasen und Wendepunkte keineswegs beliebig durchschritten und wiederholt werden können. Die Irreversibilität der einmal vollzogenen Übergänge und Statusverwandlungen darzustellen und festzuhalten, war ja gerade der Sinn der sie begleitenden

Riten; sie entlasteten den einzelnen damit zugleich von der Notwendigkeit, den jeweils erreichten „Stand" ständig neu vor sich selbst und vor den anderen legitimieren zu müssen. Das jedoch wirkt unter den Bedingungen der Risikogesellschaft geradezu kontraproduktiv; sie nötigt den einzelnen dazu, seine Biographie selbst zu entwerfen und zu begründen: Warum so und nicht anders? Auch im Bereich von Ehe, Elternschaft und Familie offenbaren sich die neuen Wahlmöglichkeiten zugleich als Wahlzwänge. „Es ist nicht mehr klar", schreibt Beck, „ob man heiratet, wann man heiratet, ob man zusammenlebt und nicht heiratet, heiratet und nicht zusammenlebt, ob man das Kind innerhalb oder außerhalb der Familie empfängt oder aufzieht, mit dem, mit dem man zusammenlebt, oder mit dem, den man liebt, der aber mit einer anderen zusammenlebt, vor oder nach der Karriere oder mitten drin."

Die vierte Herausforderung der Risikogesellschaft heißt also: prinzipielle Widerrufbarkeit von allen Lebensentscheidungen.

5. Daß Institutionen, die diese Entwicklung aus guten Gründen kritisch sehen – einschließlich der Kirchen –, wiederum den einzelnen für das entstandene Chaos haftbar machen, liegt durchaus in der Tendenz jener Individualisierungsprozesse, die die Auflösung überkommener Standesbindungen bewirken. Ihr Wesen besteht ja gerade darin, daß sie gesellschaftliche Krisen in individuelle Krisen verwandeln, Außenursachen in Eigenschuld, Systemprobleme in persönliches Versagen. Sie individualisieren auf solche Weise die sozialen Risiken, setzen sie „unmittelbar um in psychische Dispositionen: in persönliches Ungenügen, Schuldgefühle, Ängste, Konflikte und Neurosen".

   Damit etabliert sich ein neues System gesellschaftlicher Werte und Normen, das in mancher Hinsicht als Gegenbild des überlieferten christlichen Wertgefüges erscheint: „Dieses Wertsystem der Individualisierung", schreibt Beck, „enthält zugleich auch Ansätze einer neuen Ethik, die auf dem Prinzip der Pflichten gegenüber sich selbst beruht." Es bilden sich neue Formen des Schuldbewußtseins und der Schuldzuweisung. Schuld – als individuelles Gefühl wie als

soziale Realität – erwächst nicht länger aus Verstößen gegen kulturelle Über-Ich-Normen, auch nicht aus Pflichtverletzungen gegenüber dem gesellschaftlichen Ganzen, sondern – im Gegenteil – aus Defiziten lebensgeschichtlicher Selbstverwirklichung. Nicht so sehr das, was einer tut, läßt ihn schuldig werden, sondern das, was er – an sich selber, für sich selber – zu tun versäumt. Ein „ichzentriertes Weltbild" wird so geradezu zur Voraussetzung und zum Maßstab sozialen Verhaltens; ein Weltbild, das sich überführen läßt in „ein aktives Handlungsmodell des Alltags, das das Ich zum Zentrum hat, ihm Handlungschancen zuweist und eröffnet und es auf diese Weise erlaubt, die aufbrechenden Gestaltungs- und Entscheidungsmöglichkeiten in bezug auf den eigenen Lebenslauf sinnvoll kleinzuhalten".
Die fünfte Herausforderung der Risikogesellschaft heißt also, daß ganz neue Werte und Wertempfindungen entstehen, die vor allem mit einem „ichzentrierten Weltbild" zu tun haben.

6. Es gibt freilich in der Moderne nicht nur private, sondern auch kollektive Risiken (vgl. Tschernobyl). Die Institutionen, die mit diesen Risiken zu tun haben, gleichen „Fahrradbremsen am Interkontinentalflugzeug". Die Entwertung der Institutionen hat also damit zu tun, daß sie den individuellen und kollektiven Herausforderungen der Risikogesellschaft nicht mehr gewachsen sind. Dies führt dazu, daß Institutionen allgemein an Glaubwürdigkeit verlieren. Es kommt zu einem Legitimationsverlust der herkömmlichen Institutionen, ihre Berechtigung und Plausibilität werden immer weniger eingesehen und wahrgenommen.

Zusammenfassung

Der Ansatz von Ulrich Beck hat also gezeigt, daß es innerhalb weniger Jahrzehnte von der Normalbiographie (noch 1983 hatte M. Kohli von einer solchen gesprochen) zur Destandardisierung der Biographie von Menschen gekommen ist. Aufgrund der notwendigen Mobilität, der Divergenz der Erfahrung und auch der Flexibilisierung der Alltagszeit in der modernen Gesellschaft ist nicht nur damit zu rechnen, sondern

schon längst Realität, daß auch der Glaube im Laufe der Lebensgeschichte der einzelnen eine sehr unterschiedliche Rolle spielt. Es kann Zeiten geben, wo das Leben aus dem christlichen Glauben bestimmt ist, und Zeiten, in denen andere Sinnwelten und andere Handlungsmuster dominant werden. Die religiöse Sozialisation von Kindern kann dabei nur ein möglicher Zugang zum Glauben sein, der für den Rest des Lebens ein Fundament legen kann, auf das später wieder zurückgegriffen wird. Es kann aber auch zu Brüchen mit den erlebten Glaubensformen führen. Deshalb gewinnen heute über Familien und Gemeinden hinaus andere Traditionsträger an Bedeutung. Bücher, Workshops, religiöse Tagungen, Reisen und Kurse werden immer mehr Ansatzpunkte sein, sich genau dann individuell mit den religiösen Fragen zu beschäftigen, wenn sie eben lebensgeschichtlich dran sind.
Neben der traditionellen Gemeinde werden auch andere Gemeinschaftsformen Ansatzpunkte bieten, um sich gemeinsam für eine Glaubensüberzeugung zu engagieren, die aufgrund lebens- oder zeitgeschichtlicher Ereignisse für eine bestimmte Person wichtig geworden sind; etwa Friedens-, Solidaritäts-, Frauen- und Selbsthilfegruppen. Gerade solche Gruppen geraten aber häufig noch mit den traditionalen kirchlichen Milieus in Konflikt und siedeln sich daher häufig außerhalb der kirchlichen Institution an. Gemeinden erkennen vielfach noch zu wenig die „Chancen der Risikogesellschaft".

5.6 H. Steinkamp: Gemeindestrukturen

H. Steinkamp hat 1979 in dem von N. Greinacher u. a. herausgegebenen Sammelband „Gemeindepraxis. Analysen und Aufgaben" zusammengestellt, welche Typologie von Gemeindeformen heute existiert. Diese Übersicht ist nach wie vor hilfreich. Steinkamp unterschied dabei zwischen einem Typ A: Gemeinde als unterste kirchliche Verwaltungseinheit: traditionelles Versorgungsmodell; einem Typ B: Gemeinde als religiöse Organisation: differenziertes Angebotsmodell; und einem Typ C: Gemeinde als Gemeinwesen: basiskirchliches Modell.

Skizze 19:
Gemeindetypen nach H. Steinkamp

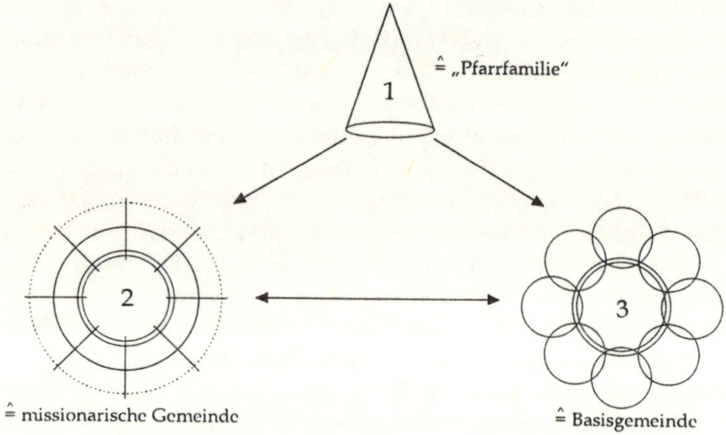

Der Typ A soll die alte volkskirchliche Pfarrei einfangen, die mit ihrer pyramidalen Struktur die unterste Verteilerebene der kirchlichen Gesamtorganisation darstellt. Die Basis dieser Pyramide bilden alle am Ort lebenden Katholiken, nicht unzutreffend als „Seelen" klassifiziert. Das eigentliche Subjekt ist hier der Pfarrer, der die Gnadengaben verteilt: Er steht an der Spitze der Pyramide. Die Akzeptanz dieses Modells liegt in der enormen Stabilisierungsleistung, die sie gegen die von der Außenwelt drohenden Beeinflussungen leistet.
Der Typ B ist eher das aktivistische Modell einer Gemeinde: Es gibt darin den Ausschuß für Kindergottesdienst, Altenarbeit, Ökumene usw. Die passive Mentalität ist einer Aktivität gewichen, das sakramentale Leben, das in der ersten Gemeindeform im Mittelpunkt steht, ist nun erweitert durch einen Kranz von Projekten und Unternehmungen. Die Teilnahmeform ist nicht mehr in „praktizierend" oder „nichtpraktizierend" eingeteilt, sondern kennt verschiedene Intensitätsgrade: „Wer mitmacht, erlebt Gemeinde", heißt der Teilnahmeslogan. Das Subjekt des Gemeindelebens ist nicht mehr ausschließlich der Pfarrer, sondern sein Mitarbeiterteam.

Der Typ C sprengt die beiden ersten Gemeindeformen, die miteinander letztlich doch vergleichbar und sich auch ähnlich sind: Während in Typ A „die oben“ etwas für „die unten“ tun, machen in Typ B die Aktiven etwas für die Fernstehenden. Das Aktivitätszentrum bleibt binnenorientiert. Im Typ C dagegen wandert dieses Zentrum in die einzelnen Gruppen selber: Sie sind Träger des gemeindlichen Lebens. Wenn sie anfangen, ihr Leben, ihre Erfahrungen (als Eltern, Lehrer, Engagierte) im Lichte des Evangeliums zu durchdenken und zu deuten, dann erhält das Gemeindeleben die Themen nicht mehr von oben oder ausschließlich von den Themen des Kirchenjahres, sondern aus dem Lebenszusammenhang selbst. Subjekt des Gemeindelebens ist nicht mehr der Pfarrer, auch nicht sein Mitarbeiterstab, sondern es sind die Gruppen selber. Ziel ist nicht mehr Aktivierung, sondern Intensivierung des Miteinanderlebens.
Diese verschiedenen Typen von Gemeinde entsprechen auch bestimmten Gesellschaftsmodellen: Typ A ist Spiegelbild der traditionalen Gesellschaft, während B und C eher einer sich ausdifferenzierenden Gesellschaft entsprechen. Dabei ist Typ B eher einer reichen Kirche mit finanziellen Möglichkeiten zugeordnet, während Typ C eher einer armen Kirche entspringt, die dadurch den Gefahren von Bürokratisierung und Überorganisation bei gleichzeitiger spiritueller Ausdünnung entgeht.
Diesen Gemeindetypen können nach *R. Zerfaß* auch die gegenwärtigen Konzeptionen zur Gemeindepastoral zugeordnet werden.

- Dem Typ A entspricht das Konzept der *Pfarrfamilie.* In einer sich immer mehr ausdifferenzierenden Gesellschaft kann es zwar manchmal – vermittelt durch patriarchal-liebenswerte Priestertypen – noch attraktiv aufblitzen, insgesamt aber ist es ein Anachronismus. Die Pfarrei ist in der modernen Gesellschaft einfach ein Sekundärsystem im Erleben der Menschen, und sie kann dies nicht mit Sprachmaterial aus dem Primärsystem übertünchen.
- Dem Typ B entspricht das Konzept der *missionarischen Gemeinde:* Darunter versteht man vor allem den missionarischen Impetus als Grundzug jeglichen Gemeindelebens.

Wohnviertelapostolat und Fernstehendenpastoral gelten als zentrale Aufgaben. Dieses Konzept greift heute schon deshalb nicht mehr, weil sich die Probleme der Distanzierung schon auf der Mitarbeiterebene in der Kirche ereignen. Es kommt sehr schnell zu Überforderungserfahrungen bei den Verantwortlichen, die dann in unterschwellige *Aggressivität*, in *Depressivität* oder in *Aktivismus* umschlagen. Deshalb ist das alte Missionsparadigma heute eher durch den Begriff der Evangelisierung zu ersetzen: Er führt zu keinem Subjekt-Objekt-Schema mehr oder dazu, daß die einen die anderen missionieren, sondern missioniert werden müssen alle Beteiligten. Evangelisatorische Pastoral verzichtet auf die Unterscheidung zwischen Kerngemeinde und Fernstehenden, weil Jesus selber diese Ausgrenzungen aufgehoben hat.

- Dem Typ C entspricht das *„Konzept der Gemeindekirche"*: Dieses Konzept geht nicht nur davon aus, daß das Totalmilieu unserer Gesellschaft nicht mehr zu verchristlichen ist, sondern begrüßt den Abfall und die Auswanderung aus der Volkskirche, um so zu einer Gemeinde der Überzeugten und Entschiedenen werden zu können. Diese Gemeindeform wird im Konzept von Steinkamp als die zukünftige und tragfähige Sozialgestalt des Christentums angesehen.

6.
Optionen für heutige Gemeindetheologie

6.1 Gemeinde als „Hauskirche"

„Der Lebensraum der Gemeinde ist das Haus", stellte H. Schürmann in einem Vortrag über „Gemeinde als Bruderschaft" im Jahr 1954 fest. Die besondere Situation in der ehemaligen DDR legte eine solche Sehweise nahe. Inzwischen ist das Thema „Hauskirche" auch bei uns zu Ehren gekommen. In der Dogmatischen Konstitution über die Kirche im Zweiten Vatikanischen Konzil wird die Familie gleichsam eine häusliche Kirche genannt (familia ... in hac velut Ecclesia domestica). Im Apostolischen Schreiben „Familiaris consortio" (1981) wird die Familie zehnmal als Hauskirche apostrophiert und damit identifiziert. Der wesentlich vorsichtigere Sprachgebrauch des Konzils ist durch eine Eindeutigkeit ersetzt (vgl. dazu das 3. Kapitel). Dabei zeigt ein Blick in das Neue Testament, daß dort die Familie nie mit der Hauskirche gleichgesetzt wird; im Gegenteil, die Hauskirche transzendiert gerade die biologische Familie. Die heutige bürgerliche Kleinfamilie als Hauskirche zu bezeichnen, verfehlt das Anliegen der urchristlichen Hauskirche völlig. Sie zielte auf eine Entgrenzung der Familie. Was muß ein Gemeindeaufbau beachten, der an der Konzeption der alten Hauskirche ansetzt?

a) Die frühe Kirche hat gerade dadurch das Modell des Hauses als effizientes Modell einer Gegengesellschaft im Römischen Reich realisieren können, weil sie das alte Haus in seiner patriarchalen Struktur relativierte und durch das Modell der egalitären „Koinonia" ersetzte. Haus- und Familienkonzepte heute dürfen sich also nicht auf die neuzeitliche Intimfamilie beschränken, sondern müssen größere soziale Zusammenhänge (Nachbarschaften, Ortsteile) erfassen. Es ginge also gerade um die gegenteilige Bewegung: nämlich Überwindung der Isolation, in der sich Kleinfamilien heute befinden: Eingliederung in größere, aber noch überschaubare solidarische Lebens- und Glaubensgemeinschaften.

b) Konkret erfahrene und gelebte Geschwisterlichkeit gehört zu den Wesensmerkmalen christlicher Gemeinde. Sie setzt aber als Erfahrungs- und Gestaltungsraum die kleine Gruppe und die überschaubare Gemeinschaft voraus. In Großgebilden verdunsten diese Erfahrungen.

c) Das Problem, wie sich solche Gemeinschaften in der Gesamtkirche verorten, ist noch ungelöst. Die momentane basisorientierte Gruppenbildung muß auf dieses Problem achten. Der Verzicht auf Universalität kann in einer bestimmten historischen Situation durchaus entlasten, er beschwört aber die Gefahr des Gettos herauf.

d) Die Offenheit der kleinen Gemeinschaften gegenüber der Gesamtkirche ist unabdingbar. In ihnen gemachte Gegen- und Kontrasterfahrungen müssen kommunikabel bleiben.

6.2 „Gemeindekirche" kontra „Volkskirche"

Bei dieser Gegenüberstellung handelt es sich um eine verhängnisvolle Antithese. Denn Gemeindeaufbau heißt, den geschichtlich vorgegebenen Rahmen der Volkskirche ernstnehmen. Es muß beachtet werden, daß erfolgreicher Gemeindeaufbau gerade zu dem Phänomen Volkskirche führt. Wer also im Interesse des Gemeindeaufbaus erklärter Kritiker der Volkskirche ist, nimmt damit schon vorweg, daß sein Programm keinen großen Erfolg haben darf und auf kleine Kreise beschränkt werden soll. Gemeindeaufbau wäre dann ein ständiges Experimentieren ohne stabil soziale Folgen. Die Volkskirche ist das ekklesiologische Realitätsprinzip. Gegenüber einer Mentalität, die sich am ehesten in einer Mischung von Reinheits- und Absolutheitswünschen organisieren möchte, ist die Volkskirche ein multidimensionales Phänomen. In der Volkskirche als Seelsorger präsent sein heißt, Konfrontation mit der verschiedenen Bedeutung von Religion im Leben der Menschen und nicht Rückzug in eine Idylle der Reinen.

Auf diesem Hintergrund hat *Chr. Bäumler* dafür plädiert, nicht einer Abschaffung der Volkskirche das Wort zu reden, sondern die Gemeindekirche als kritisches Prinzip der Volkskirche zu veranschlagen. In der bisherigen Betreuungskirche nämlich gibt es schon Elemente von Beteiligungskirche, und diese kann nicht auf Elemente von Betreuung verzichten. In dem Maße, als bestimmte Gemeinden zum Aufbruch fähig werden, realisieren sie nicht nur Alternativmodelle zur herrschenden Gesellschaft, sie dynamisieren dadurch auch die Struktur der Volkskirche, die das Interesse an allen Gläubigen wachhält und dadurch auch oft zu Kompromissen bereit ist. Diese Versuche der Dynamisierung stehen in der Gefahr, von oben und unten abgeblockt zu werden, manifestieren aber gerade dadurch etwas von der riskanten Nachfolge Jesu. Für Bäumler sind Möglichkeiten der Dynamisierung eine lebensgeschichtlich orientierte Erwachsenenbildung, die allmähliche Veränderung der Selbstrolle des Gemeindepfarrers, das Ausüben auch der politischen Funktion der Gemeinde und das Begehen der Eucharistie als Fest der Freiheit.

Wohl am schärfsten hat sich *H. Schilling* mit dem Anliegen der Gemeindekirche auseinandergesetzt:

a) Er attestiert der heimlich unterstellten Voraussetzung, daß die Volkskirche zum Absterben verurteilt sei, eine falsche Annahme. Denn alle neueren religionssoziologischen Untersuchungen zeigen zwar eine wachsende Distanzierung der Menschen vom Gemeindeleben, aber damit ist keineswegs ein Bruch verbunden: Durch Kirchensteuer und Kasualhandlungen dokumentiert man durchaus noch Interesse.
b) Das Kirchenbild hinter der Idee der Gemeindekirche ist seiner Meinung nach romantisch, rigoristisch, elitär und militant. Geprägt vom Unbehagen an der kirchlichen Gegenwart wird eine Sehnsucht nach der verlorenen Kraft des Ursprungs zum Auslöser für eine Flucht nach vorne.
c) Als pastorales Globalziel führt die Gemeindekirche in Sektierertum und ins Getto.
d) Die Gemeindekirche engt den Freiheitsspielraum ein, nötigt zum Konformitätsdruck und macht die Toleranzspielräume enger. Daraus entsteht der Zwang zu einer progressiven Verhaltenskonformität.

e) Es gibt mehrere Zukünfte für die Kirche, nicht nur die Gemeindekirche. Diejenige verdient den Vorzug, die dem Evangelium und seiner Wirkungsgeschichte den weitestmöglichen gesellschaftlichen Spielraum zu verschaffen und die Vielfalt der christlichen Glaubens- und Lebensformen am besten zu integrieren vermag.

Die Einwände Schillings gegen das Konzept der Gemeindekirche favorisieren freilich nicht die Volkskirche als ideale Nachfolgeform, sondern eher die darin mögliche Haltung der distanzierten Kirchlichkeit. Nach Auffassung Schillings unterscheiden sich nämlich die Distanzierten außer der rituellen Abstinenz in ihrer Lebensführung kaum von den Kirchentreuen. Aufgabe der Pastoral ist für ihn demnach heute, Sensibilität für menschliche Grunderfahrungen wie Vertrauen, Liebe, Hoffnung, Trennung, Krankheit und Tod zu wecken, die Fähigkeit zu fördern, eigene und fremde Lebenserfahrungen in der religiösen Tiefendimension zu reflektieren und die Bereitschaft zu stützen, die Lebenswelt des Alltags und die darin enthaltenen Pflichten als Anspruch des Evangeliums ernst zu nehmen.

6.3 Basisgemeinden

Der Begriff „Basisgemeinde" antwortet auf vielfältige Herausforderungen. Er ist gerade amtskirchlich nicht unumstritten. Dahinter steckt der Streit um die Befreiungstheologie in Lateinamerika, die ihren Ort wesentlich in den Basisgemeinden gefunden hat. Sie kann nicht getrennt werden von den in den konkreten Gemeinden gemachten Erfahrungen von Not und Ausbeutung und dem Prozeß der „Konszientierung" im Licht des Evangeliums. Dabei sind ganz neue Formen von Gemeinde entstanden. Bei uns werden Basisgemeinden oft sehr schnell abgewertet, weil sie angeblich einem anderen Kulturkreis entstammen und der Sehnsucht nach einfachen und überschaubaren Verhältnissen entspringen.

Bei näherem Hinsehen geht es aber um eine Antwort auf die Herausforderungen auch in unseren Gemeinden. Diese sind häufig gekennzeichnet durch ein:

- *Kommunikationsdefizit:* Isolierung und Anonymität, Interesselosigkeit an den Belangen des Nächsten, Verkümmerung der Gesprächs- und Austauschkultur prägen den Lebensstil in unseren Gemeinden und nicht nur in der sie umgebenden Kultur. Der Appell „seid nett zueinander", der oft die Tiefenstruktur mancher Predigt ausmacht, ändert an diesen Verhältnissen nichts. Es geht vielmehr um eine Priorität der alltäglichen Kommunikationsfähigkeit, die dann auch die Glaubenskommunikation intensiviert und aus dem Nachbarn in der Gottesdienstgemeinde mehr macht als den frommen Zeitgenossen, der auch glaubt und betet.
- *Solidaritätsdefizit:* Unterdrückung und Marginalisierungstendenzen gibt es nicht nur in Lateinamerika. Auch bei uns existiert ein „Ensemble der Opfer" (E. Lange). Wenn in den Gemeinden an die Stelle nicht durchschauter Interessengebundenheit ein Prozeß von reflektierter, mitleidender und kämpferischer Solidarisierung einsetzt, kommt sehr schnell Argwohn und Verdacht auf. Gerade eine solidarische Haltung vermeidet aber im letzten ein Auseinanderfallen der Gemeinden in zwei Lager: in eine Gruppe, die einer traditionellen Frömmigkeit verhaftet bleibt, und in eine andere, die das politische Engagement nicht mehr aus religiösen Motiven ableitet. Die unpolitische Frömmigkeit hat zum Pendant eine ohne religiöse Inspiration auskommende politische Aktivität.
- *Artikulationsdefizit:* Die Lebensvollzüge in den Gemeinden laufen meist von oben nach unten. Basisgemeindliche Aufbrüche überspringen einfach diese hierarchische Kommunikationsform und praktizieren Mündigkeit. Sie wollen alle Christen am Hören und am selbständigen Auslegen des Evangeliums beteiligen. Dadurch ändert sich sowohl der Gottesdienst-, der Verkündigungs- und der diakonische Stil in der Gemeinde.
- *Partizipationsdefizit:* Die Monopolisierung von Zuständigkeiten durch das Amt ist eine prekäre Erfahrung in vielen Gemeinden. Basisgemeinden wollen nicht einfach die traditionelle Ämterstruktur aus Lust am Zerstören oder aus Kritiksucht beseitigen, sondern kommen durch die Lebensdynamik in ihren Gemeinden zu neuen Organisationsfor-

Skizze 20:
Basisgemeinden

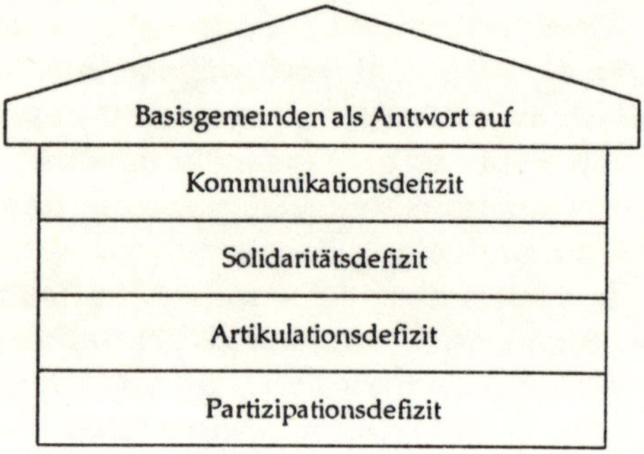

men und Aufgabenverteilungen. Maßgebend ist dabei der Grundsatz, daß alle Christen in ihnen den Status und die Würde von Subjekten haben. Darin ist der Volk-Gottes-Begriff des Zweiten Vatikanischen Konzils ernstgenommen (vgl. Skizze 20).

Der Begriff der „Basisgemeinde" hat zugegebenermaßen auch Assoziationen an die Theorien der *Subkultur* bei sich. Der Begriff ist also nicht wertfrei, aber man darf bei seiner Verwendung nicht einfach automatisch solche Implikationen unterstellen. Die verhängnisvolle Ketzerpolemik in der kirchlichen Tradition könnte wenigstens den Lernerfolg sensibleren Umgangs miteinander erbracht haben.

Bei uns wird der Begriff „Basisgemeinde" auf ganz unterschiedliche Bewegungen angewendet: auf ökumenische Gruppen, neue Lebensgemeinschaften bei Laien und Ordensleuten, Spontangruppen. In der lateinamerikanischen Kirche handelt es sich um keine Opposition gegen die amtliche Kirche; im Gegenteil, Priester und Bischöfe sind an diesem Prozeß beteiligt.

Papst Paul VI. hat in dem Apostolischen Schreiben „Evangelii nuntiandi" vom 8. 12. 1975 auf die Bedeutung der Basisgemeinden aufmerksam gemacht: „Den verschiedenen Äußerungen bei der Bischofssynode zufolge entstehen sie [die

Basisgemeinden] heute fast überall in der Kirche. Doch bestehen zwischen den einzelnen Gemeinschaften große Unterschiede, nicht nur von Region zu Region, sondern auch innerhalb ein und derselben Region. In manchen Gebieten entstehen und entfalten sie sich ausnahmslos *innerhalb der Kirche,* eng an ihrem Leben teilnehmend, gestärkt durch ihre Unterweisung und ihren Hirten verbunden. In diesen Fällen entstehen sie aus dem Bedürfnis heraus, das Leben der Kirche noch intensiver zu leben oder aus dem Wunsch und dem Suchen nach einer persönlicheren Atmosphäre, die die großen Gemeinden nur schwer bieten können, zumal in den heutigen Großstädten mit ihrer steigenden Tendenz zu einem anonymen Leben in der Masse. Ansetzend bei einer kleinen soziologischen Gemeinschaft, einem Dorf oder etwas anderem, können sie je nach ihrer Art ganz einfach weiterbauen auf der geistigen und religiösen Ebene, Liturgie, Vertiefung des Glaubens, brüderliche Liebe, Gebet, Verbindung mit den Seelsorgern. Oder sie wollen, um das Wort Gottes zu hören und zu meditieren, die Sakramente zu empfangen oder die Agape zu feiern, Gruppen versammeln, die nach Alter, Bildung, Stand oder sozialer Lage in sich einheitlich sind, etwa Ehepaare, Jugendliche, bestimmte Berufsgruppen und so weiter, oder Menschen, die im Leben ohnehin schon einander verbunden sind im Kampf für die Gerechtigkeit, in der brüderlichen Hilfe für die Armen und der Förderung des Menschen, oder sie versammeln die Gläubigen dort, wo ein Mangel an Priestern ein normales Gemeindeleben nicht zuläßt. Alles dies gilt für die kleinen Gemeinschaften innerhalb der Kirche, vor allem der Ortskirchen und der Pfarreien. In anderen Gebieten hingegen bilden sich Basisgemeinschaften in einem *Geist scharfer Kritik an der Kirche,* die sie gern als ‚institutionell' brandmarken; im Gegensatz zu ihr wollen sie charismatische Gemeinschaften sein, frei von Strukturen und nur vom Evangelium her lebend ... Der Unterschied ist schon deutlich. Die Gemeinschaften, die sich durch ihren Geist der Kontestation von der Kirche trennen und deren Einheit verletzen, können sich wohl als ‚Basisgemeinschaften' bezeichnen, aber nur in einem ausschließlich soziologischen Sinne ... *Der Name ‚kirchliche Basisgemeinschaften' kommt nur jenen zu, die sich innerhalb der Kirche bilden, um in der Einheit der Kirche zu stehen und zum Wachstum der Kirche beizutragen"* (Verlautbarungen des Apostolischen Stuhles Nr. 2, 44f.).

In diesem Text sind die Kriterien für eine legitime Verwendung des Wortes „Basisgemeinde" entwickelt. Wenn auch dieser Prozeß noch offen ist, so steht doch fest, daß sich sowohl die herkömmliche Pfarrei als auch die manchmal als Utopie angezielte Basisgemeinde gegenseitig verändern werden. *Die Zukunft gehört weder der Uniformität eines überall gleichen Kollektivs noch dem Pluralismus von Sondergruppen.*

Das Treffen des 10. Internationalen Gemeindeforums der deutschsprachigen Basisgemeinden vom 25. bis 28. Mai 1995 in Balingen hat dies noch einmal deutlich gemacht. Der Rottenburger Bischof Dr. Walter Kasper hat in seinem Grußwort auf die Bedeutung der Basisgemeinden in der heutigen kirchlichen und gesellschaftlichen Situation hingewiesen: „Der moderne Individualisierungstrend und die Entsolidarisierung in unserer Gesellschaft, sie machen sich auch in der Kirche breit. Die Basisgemeinde-Bewegung hat uns in dieser Situation etwas Wichtiges für die Erneuerung und Verlebendigung der Kirche zu bringen. Sie ist, wie bereits Papst Paul VI. sagte und unser gegenwärtiger Heiliger Vater wiederholte, eine Hoffnung für die universale Kirche. Sie will Kirche als communio, und d. h. auch: als Gemeinschaft von Gemeinschaften wieder erfahrbar machen. Basisgemeinde ist darum, richtig verstanden, kein Gegenkonzept zur universalen Kirche. Sie ist keine Protestler- und Revoluzzerkirche. Im Gegenteil, sie will das, was Kirche überall in der Welt ist, konkret erfahrbar machen und ihm eine erneuerte kommunikative Gestalt geben."

Der Begriff der Basiskirche wurde bei uns vor allem durch den Fundamentaltheologen *J. B. Metz* ins Spiel gebracht. Seine Option wurzelt in einer theologischen, gesellschaftspolitischen und weltkirchlichen Diagnose. Die jeweils gängigen Theologietypen favorisierten seiner Meinung nach einen unterschiedlichen Typus von Kirche: Der neuscholastischen Theologie entspricht die vorbürgerliche Betreuungskirche, der liberalen Theologie die bürgerliche Angebots- und Servicekirche und der Befreiungstheologie die nachbürgerliche Initia-

Skizze 21:
Basiskirche bei Johann Baptist Metz

Theologietypus		Gemeindetypus
neuscholastische Theologie	⇒	vorbürgerliche Betreuungskirche
liberale Theologie	⇒	bürgerliche Angebots- und Servicekirche
Befreiungstheologie	⇒	nachbürgerliche Initiativ- oder Basiskirche

solidarisches Subjektsein
Verbindung von Mystik und Politik

tiv- oder Basiskirche. Diese Basiskirche soll nach Metz die neue Volkskirche werden, allerdings nun als Kirche des Volkes (vgl. Skizze 21).
Dies geht nicht ohne eine Gesellschaftskritik: Denn der bürgerliche Individualismus ist trotz seiner vielfachen Solidaritätsrhetorik nur noch schwach solidarisierungsfähig. Die Kirche muß sich die Augen der Opfer einpflanzen lassen, um so zur Umkehr fähig zu werden, zu der die Politiker oft nicht in der Lage sind. Zudem muß sie das nutzlose Beklagen des Werteverfalls mit einer gesellschaftlichen Strukturkritik verbinden.
Das bedrohlichste Schisma momentan sieht Metz im Zerreißen des eucharistischen Tischtuchs zwischen armer und reicher Kirche. Die armen Kirchen bieten der europäischen Kirche drei prophetische Geschenke an:
- das solidarische Subjektsein,
- die Verbindung von Mystik und Politik,
- die Basiskirche.

Diese Geschenke werden freilich vielfach als theologisches Danaergeschenk beargwöhnt. Metz fragt: „Was haben wir denn mit unseren ‚rein religiösen' Gemeinden tatsächlich erreicht? ... Sind sie nicht viel zu sehr Veranstaltungen der Beziehungslosigkeit, der gefährlichen Fremdheit und privaten Vereinzelung geworden? Und müssen wir deshalb nicht um eines

lebendigeren kirchlichen Lebens willen für eine Basiskirche bei uns einstehen?" (Metz, Jenseits bürgerlicher Religion.)[21]
Gegen die bei Metz theorieleitende apokalyptische Leidenschaft hat *G. Bachl* mehrere Argumente ins Feld geführt:

- Es gibt Jesus-Nachfolge auch ohne Druck und Schock.
- Apokalyptik führt meist zu einem Terrorismus im Namen des Herrn, zu einer Hast, die kaum erhellende Aspekte hat.
- Der Christ müßte auch ohne aufregenden Schock in der Lage sein, das Nötige zu tun wie der Samariter im Gleichnis Jesu.
- Die Verzeichnung des Bürgerlichen lasse bei Metz gar nicht die Möglichkeit zu, im Alltag Jesu radikal nachzufolgen.

„Der Christ kann wahrscheinlich der unmittelbaren Geltung, die Jesus dem Menschen gebracht hat, viel einfacher gerecht werden, als es die aufgebrachte Phantasie der Apokalyptik fordert; er kann dafür die Aufmerksamkeit in den Tag wählen, versuchen, hellsichtig zu sein für das Nächstliegende, vorsichtig für Ferneres, seine Träume an die Erde bindend, den Abenteuern nicht in der Rede vorauslaufend, aber erfahrungswillig ... Gegenüber einer Stimmung, die sich mit allen Symbolen des Risikos schmückt, ist diese Zurückhaltung bieder. Aber vielleicht ist sie, wenn es im einzelnen darauf ankommt, stark genug, ohne Blinzeln die Herausforderung des Nötigen anzunehmen, weil sie noch nicht erschöpft ist von den sprachlichen Vorauswürfen ihrer Leidenschaft und ihres Mutes" (G. Bachl, Über den Tod und das Leben danach).[22]
Dieses nüchterne Plädoyer eines Systematikers kann auch als Apologie der Volkskirche gelesen werden, die bei all ihren Schattenseiten doch den großen Vorteil bietet, aufgrund ihrer multidimensionalen Präsenz in der Gesellschaft das Christentum vor dem Abgleiten in eine marginale Sekte zu bewahren. Aus diesem Befund ergeben sich ganz unspektakuläre Konsequenzen für die Pastoral heute.

7.
Konsequenzen für die Pastoral heute

7.1 Grundvollzüge der Gemeinde: Verkündigung, Diakonie und Eucharistie

Erste Aufgabe einer Gemeinde ist es, die Frage nach Gott wachzuhalten. Dazu bedarf es einer Praxis und einer Verkündigung, die diesen Gott so zur Sprache bringen, daß Menschen befreiend aufatmen können: daß die Blinden sehen, die Gefangenen und Verstrickten frei werden und die Niedergeschlagenen sich aufrichten können (Lk 4,18). Die jesuanische Interpretation, daß diese Verheißung *heute* in Erfüllung gegangen ist, muß in Gemeinden erfahrbar sein. Es geht darum – herausgefordert durch die zentralen Fragen des Lebens im Blick auf das Evangelium –, gemeinsam herauszufinden, daß Gott auch heute lebendig ist und mitten in der Gemeinde wirkt.

Dazu gehört freilich auch das Ernstnehmen der konkreten Not von Menschen. Die Gemeinden haben leider durch eine unheilvolle Entwicklung ihre diakonische Verantwortung an die Zentrale des Caritasverbandes delegiert. Diese Spezialisierung ist von der Entstehung her zwar nachvollziehbar, hat aber die Gefahr der Monopolisierung der Diakonie auf oberer Ebene zur Konsequenz. Damit wird die Diakonie nicht mehr zentral in den Gemeinden erfahrbar, diese verlieren ein wesentliches Merkmal ihres Gemeindeseins. Gemeinden müssen in Zukunft neben all den laufenden Spendenaufrufen für Misereor und Adveniat auch wieder für konkrete Solidarisierungen fähig werden, sonst fallen sie der Predigt, daß ihr Gott ein Gott ist, der den Schrei der Armen hört (Ex 3,7), ständig ins Wort und machen ihn unglaubwürdig.

Das Leben, das alltäglich geteilt wird, muß nicht nur gedeutet, es muß auch gefeiert werden. Die Eucharistie ist sinnfälliger Ausdruck für die tiefste Lebenserfahrung, für das Hinübergehen vom Tod zum Leben. Sie erinnert nicht nur an die große Auferstehung Jesu, sondern hebt die kleinen Auferstehungserfahrungen ins Wort und ins Lied und läßt die Gläubigen einstimmen in das Ja Gottes, als das Christus in dieser Welt erschienen ist. Wenn eine Gemeinde anfängt, einen dieser Bereiche ganz neu ernst zu nehmen, erneuern sich auch die anderen. Alle drei Grundfunktionen brauchen sich gegenseitig: Verkündigung ohne Anbetung wird geschwätzig, ohne Diakonie wird sie leer; ein Gottesdienst, der nicht mehr das lebendige, deutende Wort kennt, verkümmert zum Ritus; wenn er nicht das „Ite missa est", die Sendung, ernst nimmt, wird er zum Kult. Diakonie ohne Eucharistie und Verkündigung wird zum sozialen Servicebetrieb. Sie sind gleichursprünglich; wenn auch diese Grundfunktionen zusammengehören, so sind doch Prioritäten möglich, ja sogar geboten. Zu erinnern bleibt, daß die ersten christlichen Gemeinden vor allem durch ihren diakonischen Grundzug ihre Ausstrahlungskraft bezogen haben.

7.2 Biographie der Gemeinden

Damit ist schon deutlich, daß die Phase der Modellpfarreien und Modellgemeinden vorbei ist. Ihr Mythos blockiert oft mehr als er inspiriert, er lähmt eher als er beflügelt. Er führt häufig zu dem Seufzer: „Bei uns ist das nicht möglich." Es muß so auch gar nicht möglich sein, es geht vielmehr um das Entdecken der eigenen Biographie der Gemeinde. Zunächst sollen die Gläubigen ihre eigene Glaubensgeschichte neu entdecken, ausgraben, erinnern. In Gruppen kommt es zum Austausch dieser Glaubensgeschichten, die dann eingeordnet werden in den Zusammenhang des Evangeliums. Die vielen einzelnen Glaubensgeschichten ergeben die unverwechselbare Geschichte der Gemeinde. Sie führen zu der Frage, was Gott heute mit dieser konkreten Gemeinde vorhat, und lassen die eigene Berufung neu inne werden. Dieser sorgsame Umgang mit den einzelnen Glaubensgeschichten und der Geschichte der Gemeinde läßt die mündliche Tradition wieder zu Ehren

kommen. Es entsteht eine Erzählgemeinschaft, die dann der Verschulungsgefahr, den aufoktroyierten Lernprozessen oder den von außen herangetragenen Veränderungsstrategien nicht blindlings erliegt.
Die Gemeinde lernt dadurch auszuhandeln, was heute konkret ihre Sache und Aufgabe ist. Veränderungen in der alltäglichen Lebenswelt werden dabei nicht ausgeblendet, sondern selbstverständlich miteinbezogen. Eine Gemeinde wird also dann wirklich Gemeinde, wenn sie den einzelnen, den Gott bei seinem Namen ruft, ernst nimmt, seine Charismen „einkassiert" und nicht nur die Kirchensteuer, wenn sie sich den Aporien des Lebens stellt und nicht einfach Konflikte durch Harmonieseligkeit zudeckt, wenn sie die Ohnmachtserfahrung der Menschen aufgreift und bearbeitet. Und wenn sie die Zusage Gottes, der Leben in Fülle verheißen hat, traut und diese Zusage feiert und persönlich verifiziert: Dann ist Gemeinde nicht mehr nur eine Besprechungsgemeinschaft des Evangeliums, dieses Evangelium selbst wird anfanghaft Realität in ihr.

7.3 Verhältnis von Kirche und Gemeinde

Das Verhältnis von Kirche und Gemeinde kann als komplementär beschrieben werden: Diese Verhältnisbestimmung wird häufig einseitig aufgehoben. Die Überbetonung einer zentralen Kirche aber degradiert die Ortsgemeinde zu einer bloß weisungsgebundenen Filiale. Eine Kirche ohne lebendige Gemeinden würde in Traditionspflege erstarren oder auf gelehrten Kongressen sich verlieren, wo gescheit über die Basis diskutiert wird. Ein exklusiver Gemeindebegriff, der ohne Kirche bleiben will, verliert an Weite und erstickt an den eigenen Problemen. Wenn das Gotteshaus in jeder Gemeinde „Kirche" genannt wird, ist dies ein guter Sprachgebrauch: Darin versammelt sich die Gemeinde und setzt sich in Beziehung zur gesamten Kirche.
Der theologischen Komplementarität von Kirche und Gemeinde entspricht auf der Gemeindeebene die von Gemeinde und Gruppe: Zum Wesen der Gemeinde gehört es, für alle Menschen an einem Ort das Ja Gottes zum Menschen zu be-

zeugen und zu feiern. Chance der Gruppe ist es, mehr Geborgenheit zu geben, konkrete Aufgaben schneller zu sehen und anzugehen und einzelne Fähigkeiten stärker zur Geltung zu bringen. *Gefahr der Gemeinde ohne lebendige Gruppen* ist es, in einer lauwarmen Mittelmäßigkeit für alle offenbleiben zu wollen, in Wahrheit aber für niemanden dazusein. *Gefahr der Gruppen,* die sich gemeindlich ausgrenzen, ist es, die in ihnen gemachten Erfahrungen für den ausschließlich wahren Glauben zu halten und sich als elitäre Gesinnungsgemeinschaft abzukapseln.
Der häufig konstruierte Gegensatz von Amt und Gemeinde ist ein schädlicher. Eine amtlose Gemeinde ist letztlich ebenso unbiblisch (vgl. die Erfahrung im Johannesevangelium) wie ein gemeindeloses Amt. Wie künftig das Amt in der Gemeinde aussehen wird, ist zwar noch ein offener Prozeß: Es erfordert auf alle Fälle einen Amtsträger, der Bruder unter Brüdern und Schwestern ist.

7.4 Gemeindeberatung

Jede Gemeindewerdung steht in der Gefahr, daß sie nicht nur Kommunikation fördert, sondern neue Exkommunizierte schafft. Die Rolle der Kleinen, der Sprachlosen, der Ohnmächtigen in den Gemeinden darf nicht übersehen werden. Wer sie als Ärgernis einer progressiven Gemeindebildung abtut, verfällt dem Gericht Jesu, der sich zum Anwalt der Kleinen gemacht hat (Mt 18). Hier kann die Aufgabe der Gemeindeberatung ansetzen: Sie dient ja nicht der Effizienz einer Organisation, sondern konfrontiert die an der Gemeindebildung Beteiligten noch einmal mit dem Evangelium. Der von außen kommende Berater, der von der Gemeinde und deren Leitung angefragt und erbeten sein muß, ist nicht der Superkompetente, sondern der sorgsame Beobachter, der die Gemeinde, die sich als gelebtes Evangelium vor Ort versteht, erneut unter den Anspruch des Evangeliums stellt und alle laufenden Prozesse diesem Maßstab unterzieht. Wie jede Beratung zielt auch die Gemeindeberatung auf das Subjekt-Werden der Betroffenen ab. Ähnlich den anderen Beratungsformen muß sie sich zweier Gefahren bewußt sein: Die augenblicklichen Defizite in den Gemeinden können nicht ausschließlich der Beratung als Aufgabe angesonnen werden. Ferner entwickelt der Beratungsboom eine Tendenz zur Unentbehrlichkeit. So muß gesehen werden, daß die Gemeindeberatung ein Element des kritischen Prinzips der Volkskirche sein kann, ohne sich selber verewigen zu müssen. Wie funktioniert Gemeindeberatung?

Kurzinformation zur Gemeindeberatung

Gemeindeberatung bedeutet Beratung einer ganzen Gemeinde bei ihrem Bemühen, ihren Auftrag am jeweiligen Ort zu erfüllen. Dabei geht es vor allem darum:

- die Ziele zu erkennen, die sich aus der Sendung als christliche Gemeinde ergeben;
- die konkrete Wirklichkeit der Gemeinde und ihres Umfeldes zu erforschen;
- daraus Programme und Aktionen zu entscheiden und durchzuführen, um die Ziele vor Ort umzusetzen;
- dabei das Zusammenspiel von Beteiligten (Ehren- und Hauptamtlichen, Gruppen und Gremien) gekonnt zu entwickeln;
- das alles im Hinblick auf gute Ergebnisse für die Menschen und auf ein gutes und zufriedenmachendes Miteinander der Beteiligten.

Die Gemeindeberatung achtet dabei besonders auf die Gemeinde als Organisation, also als ein System von Einrichtungen, Aufgaben und Programmen, geschaffen, um bestimmte Ziele zu verwirklichen.

- Neue Impulse kommen dazu aus dem Bereich der Betriebswirtschaftslehre: Management, Aufbau und Veränderung von Organisationen, Prozesse der Planung und Durchführung von Projekten etc.
- und anderer angewandten Sozialwissenschaften: Gruppenpädagogik, Erwachsenenlernen etc.
- Das Beratungskonzept selbst folgt den Grundannahmen und Methoden der Organisationsentwicklung und wendet sie auf das besondere Feld der Pastoral an.

Ein wichtiger Grundsatz des Konzeptes ist: Die Betroffenen werden zu Handelnden.

- Es geschieht keine Veränderung von oben für die Organisation und für die Beteiligten. Es geschieht eine Veränderung in der Organisation mit Hilfe der Beteiligten.
- Dadurch sollen die Kenntnisse und Fähigkeiten aller Beteiligten genutzt werden für bessere Ergebnisse; zugleich soll die Motivation für Veränderungen gefördert und es sollen Widerstände abgebaut werden.
- Die BeraterInnen sind nicht Fachleute für Ergebnisse, sondern für das Erreichen von Ergebnissen.
- Ein besonderes Interesse gilt den Reaktionen der Betroffenen. Die Art, wie sie zusammenarbeiten, mit Konflikten umgehen, leiten und sich leiten lassen, sind wichtige Themen.
- Der Prozeß der Beratung zielt aber auch auf Verbesserung von Strukturen und Abläufen, auf die Einführung hilfreicher Mechanismen und gleichwertig auf die Veränderung von Einstellungen und Normen in der Zusammenarbeit.
- Unerläßlich für eine offene Beratung ist der Vertrauenskonflikt. Informationen aus der Beratung bleiben vertraulich. Die BeraterInnen unterliegen nicht einer Beurteilungs- oder Berichtspflicht.

Es versteht sich von selbst, daß ein solcher Prozeß nicht verordnet werden kann. Er braucht die kritische Zustimmung der Betroffenen. Von der Bereitschaft und Motivation für eine Beratung hängt ihr Erfolg ab. Deshalb braucht ein Beratungsprozeß die Zustimmung der Betroffenen. Es macht wenig Sinn, wenn ein Gemeindeleiter dem Pfarrgemeinderat Beratung verordnet; es macht auch wenig Sinn, wenn ein Pfarrgemeinderat gegen den Gemeindeleiter eine solche Beratung beschließt. Möglich sind erste pragmatische Schritte der Beratung, die so weit reichen, wie die Zustimmung vorhanden ist. Dabei kann im Vollzug weiter geworben und motiviert werden für eine Ausweitung der Beratung.

Der Beratungsprozeß läuft nach klaren Schritten ab:

- Am Anfang steht ein Kontrakt mit den Beteiligten, der die Ziele, Wege und Schritte regelt. Meist geht es um ein konkretes Projekt.

- Danach geschieht eine Datenerhebung durch die Betroffenen. Zunächst muß der Ist-Stand erkundet werden, ehe Veränderungen geplant und eingeführt werden können (Analyse).
- Die so entstehenden Daten werden von den Beratern aufbereitet und zur Diskussion mit den Betroffenen wieder eingebracht. Daraus entsteht eine Diagnose: Was ist los bei uns?; und eventuell die Entscheidung für neue Ziele: Formulierung eines Soll-Zustandes.
- Danach werden die geeigneten Schritte geplant, und die Zielverwirklichung wird angegangen.
- Am Schluß steht eine umfassende Auswertung, die eine Vergewisserung des inzwischen Erreichten ermöglicht und neue Hinweise auf weitere Schritte gibt.

Mögliche Anlässe für einen längeren Beratungsprozeß:

- Mehrere Gemeinden wollen im Pfarrverband zusammenarbeiten; bzw. bestehende Pfarrverbände möchten die Zusammenarbeit weiterentwickeln. Zuständigkeiten sollen geklärt, pastorale Aufgaben neu verteilt und Zusammenarbeit soll eingeübt werden.
- Ein neuernannter Pfarrer möchte die Chance des Neuanfanges nutzen.
- Die Zuordnung mehrerer bisher selbständiger Gemeinden zu einem Pfarrer erfordert neue Verfahrensweisen zur Koordinierung der Arbeit und zum Umgang mit Konflikten.
- Ein neugewählter Pfarrgemeinderat möchte von Anfang an gekonnt die Gemeinde in den Blick nehmen, Schwerpunkte seiner Arbeit finden und gekonnt arbeiten.
- Neue Aufgaben und Projekte entstehen, für die es noch keine Verfahrensweisen gibt, bzw. für die die bisherigen Methoden nicht mehr greifen.

In einem längeren Beratungsprozeß (meist mehrere Monate) bieten sich die größeren Möglichkeiten. In seinem Verlauf mit den verschiedenen Phasen des Projektes und des Miteinanders verschiedener beteiligter Gruppen und Personen ergeben sich vielfältige Lernmöglichkeiten durch das Einüben von Fähigkeiten, die später auch ohne Beratung bei ähnlichen Projekten angewendet werden können.

Auch kürzere, nur auf einen Bereich bezogene Beratungen machen Sinn:

- Ein Team von hauptamtlichen MitarbeiterInnen möchte seine Arbeitsweise reflektieren und/oder die Zusammenarbeit verbessern.
- Ein Pfarrgemeinderat möchte ein Planungs- oder Reflexionswochenende für sich und seine Aufgaben nutzen.
- Ein akuter Konflikt zwischen Gruppen oder einzelnen in der Gemeinde soll in einer klärenden Sitzung mit Hilfe unabhängiger Beratung geregelt werden.

Solche kürzeren Beratungen können auch als erster Schritt, als Einstieg für eine ausführlichere Beratung dienen. Die Betroffenen können damit zuerst eine Art Probelauf vereinbaren, in dem die Arbeitsweise der Gemeindeberatung erlebt wird und man Erfahrungen mit der Zusammenarbeit zwischen BeraterInnen und Beteiligten macht.

Für eine effektive und verantwortliche Beratungsarbeit brauchen die BeraterInnen entsprechende Fähigkeiten und Einstellungen:

- kommunikatives und gekonntes Verhalten in Gruppen;
- Wahrnehmungsfähigkeit für Prozesse bei sich selbst, bei einzelnen, in Gruppen und in der ganzen Organisation;
- Kenntnisse darüber, wie Organisationen funktionieren und wie man sie verändern kann, und die Fähigkeit, daraus gezielte Impulse zu geben;
- Fähigkeit, zu erkennen, wo der Schuh drücken könnte;
- ein großes methodisches Repertoire, um erfolgversprechende Wege vorschlagen zu können für die verschiedenen Zielgruppen und Anliegen;
- die Bereitschaft, nicht für die Betroffenen, sondern nur mit ihnen zu arbeiten.

Es macht sehr viel Sinn, eine Gemeindeberatung zu zweit durchzuführen: Die BeraterInnen müssen unabhängig und außenstehend bleiben, damit sie den Blick nicht verlieren für das Ganze der Beratung. Sie haben es zugleich aber auch mit sehr komplexen Zusammenhängen zu tun, in der es schwer ist, sich zu orientieren und Handlungsschritte zu erkennen. Zwei sehen mehr als einer. Zugleich können die Berater sich gegenseitig korrigieren durch die eigene Reflexion ihrer Beratungstätigkeit.

Gemeindeberatung kann keine Wunder vollbringen: Aber wenn die Betroffenen engagiert und motiviert und die BeraterInnen fähig sind, ermöglicht sie die Bündelung der Kräfte und Möglichkeiten, die Nutzung von Erkenntnissen aus anderen Bereichen und so bessere Ergebnisse und zufriedenere Beteiligte.

Daraus folgt: Aufbrüche in den Gemeinden sind keine Sache von eilfertigen Strategen, sondern sie bedürfen sorgsamer Begleitung. Es gibt schon viele Gemeinden, die sich neu auf den Weg des Evangeliums begeben haben und die dabei gute Erfahrungen machen. Der Satz R. Guardinis zu Beginn unseres Jahrhunderts, daß die Kirche in den Seelen erwacht, könnte in die Wirklichkeit am Ende dieses Jahrhunderts münden: Die Kirche erwacht in den Gemeinden.

Mit E. Lange – dem Begründer der Berliner Ladenkirche – könnte man formulieren: Es geht nicht um den Auszug aus der Kirche, sondern um das tiefere Hineingehen in sie: „Bei der Verheißung bleiben, muß unter diesen Umständen heißen, bei den Ortsgemeinden bleiben, die sich da sammeln. Sie wahrnehmen in der Wirklichkeit ihres Leidens, ihrer beunruhigten Fragen und ihrer unbestimmten Erwartungen. Nicht davonlaufen in die ungute Utopie einer gänzlich neuen, von der Last ihrer Vergangenheit völlig freien Kirche; als ob es so etwas gäbe, ja gegeben hätte und auch nur geben könnte. Selbst die Urchristenheit, die wirklich die unwiederbringliche Gnade des Nullpunktes hatte, hat das Erbe der tausend Jahre Sinaibund übernehmen müssen und redlich übernommen. Sondern einzuwandern in die Wirklichkeit, der die Verheißung gilt. Einzuwandern in die Ortsgemeinde, geleitet von der nüchternen, von der gebotenen Utopie ihrer Verflüssigung, ihrer Erneuerung. Da warten Menschen auf die Tröstung in ihren Leiden, auf die Stillung ihrer Unruhe, auf das lösende Wort in ihr Wirklichstes. Da warten Menschen, leidend am Wandel der Zeit. Sie warten auf eine Kirche, die Bürgschaft leistet für die Verheißung, indem sie sich jetzt und hier mit den Möglichkeiten, die sie hat, ganz einläßt auf dieses ihr anvertraute Leiden" (E. Lange, Chancen des Alltags).[23]

8.
Gemeinde als Gemeinschaft von Gemeinschaften

„Small is beautiful" – diese postmoderne Lebenshaltung des Unverbindlichen und Privaten, des kleinen ungestörten Glücks, ist häufig die Grundlage für die privaten Nischen, die sich Menschen angesichts der heutigen komplexen Lebenswirklichkeit suchen. Die Idee, daß sich Kirche in Form von Gemeinde realisiert, hat aber einen theologischen Zusammenhang: Wenn es von dem Urdatum des Heilsgeschehens, nämlich, daß sich Gott in seinem Sohn Jesus Christus ohne Vorbedingung und jede Vorleistung den Menschen zuwendet, nicht ein strukturiertes gemeinschaftliches Erleben in „Kirchen"-Form gibt, wird alles, was die heilende Dimension des Christentums ausmacht, verschwinden und verdunsten. Diese Überzeugung liegt dem Programm vom lebendigen Gemeindeaufbau zugrunde. Gemeinde ist die Gemeinschaft von Menschen, die Zeugnis gibt von Glaube, Hoffnung und Liebe nach dem Maß und der Vorgabe Jesu Christi; und zwar im gemeinsamen Feiern, Tun und Sprechen (Erzählen).
Ein sinnvoller und auch begehbarer Weg der Realisierung von Gemeinde in einer Zeit, die gekennzeichnet ist von Anonymität, Unübersichtlichkeit, Visionslosigkeit, aber doch auch getrieben von einer untergründigen Sehnsucht nach Gemeinschaft, ist die Bildung von kleinen Gemeinschaften, die auf Funktions- und Projektgruppen basiert. Für diesen Weg gibt es bereits Beispiele, von denen erzählt werden kann, ohne daß sie zu normativen und überfordernden Modellen werden müssen.

8.1 Die Pastoral kleiner christlicher Gemeinschaften (KCG)

Als Ideal wird eine Pfarrei gesehen, die in viele KCGs unterteilt ist, die aus Nachbarschaftskreisen bestehen. Zentrum der KCGs ist der Zusammenklang von Glauben und Leben durch eine spezifische Art der Bibelarbeit (Bibelteilen). Dadurch möchte man erreichen, daß der einzelne seine persönliche Glaubenserfahrung und seine Berufung im Alltag entdeckt und das Wort Gottes zur großen Dynamik im Alltag und im Leben der Pfarrei wird. Neben den KCGs gibt es auch noch Verbandsgruppen, sog. Zielgruppen (Jugend, Frauen) oder Projektgruppen. Auch in diesen Gruppen wird die Geschichte des einzelnen und der Gemeinschaft im Zusammenhang mit der Geschichte Jesu gelesen. Aus den Zellen sollte jeweils ein Vertreter im Pfarrgemeinderat sitzen, um in Zusammenarbeit mit Priester und Hauptamtlichen die Pfarrgemeinde zu leiten und zu inspirieren. Das gemeinsame Sich-Stellen unter das Wort Gottes sollte dazu führen, daß einzelne Zellen die verschiedensten Dienste in der Pfarrei übernehmen, um so die Grundgesten von Gemeinde, Liturgie, Martyrie und Diakonie zu realisieren. Gleichzeitig sind die KCGs als Nachbarschaftskreise Verbindungsglieder zu denen, die der Pfarrei fernstehen. Die Entdeckung der eigenen Glaubensgeschichte ist das Ziel dieses Modells, nicht die Rekrutierung von pastoralen Mitarbeitern. Alle Aktivitäten, die sich ergeben, sind „Früchte am Baum des Glaubens".

8.2 Gruppen als Mitträger der Gemeinde

Gemeinde wird in diesem Ansatz verstanden als Versammlung von Gruppen, wobei Gruppe eine Gemeinschaft von etwa fünf bis zwölf Mitgliedern umfassen soll, die sich über einen längeren Zeitraum relativ regelmäßig treffen, um gemeinsame Anliegen gemeinsam in den Blick zu nehmen. Angezielt wird das Wachsen eines Wir-Bewußtseins durch Identifikation der Gruppenmitglieder mit der Gruppe. Diese Gruppen können sich bilden als Kommunikationsgruppen, Projektgruppen, als Gesprächskreise oder als spirituelle Gruppen.

Im Zentrum steht dabei eine wichtige Einsicht der Gemeindetheologie: Die Gemeinde ist das Subjekt kirchlicher Heilssendung, nicht das Objekt von Seelsorge und Seelsorgern. Der Unterschied zur Pastoral der KCGs besteht darin, daß das vorrangige Kriterium der Gruppenbildung nicht territoriale Nähe ist (Nachbarschaft, Wohnviertel), sondern daß die Gruppen durch spezifische Aktivitäten entstehen, wobei die Teilnahme von persönlichen Präferenzen abhängt.

8.3 Modell der Basisgemeinde (Wien-Machstraße)

Die Pfarrgemeinde Wien-Machstraße wurde im Jahr 1966 in einem Neubaugebiet gegründet. Von Kardinal König wurden drei Priester mit der Aufgabe betraut, in diesem Gebiet eine Pfarrgemeinde aufzubauen. Bei allen Fortschritten stellte man bald fest, daß die Verbindlichkeit im Glauben unterschiedliche Formen hatte. So stellte man 1973 bei einem Gottesdienst an die anwesenden Kirchenbesucher die Frage, wer sich an der Gründung einer verbindlicheren Stammgemeinde beteiligen wolle. Von 600 Gottesdienstteilnehmern entschieden sich 35 für die Zugehörigkeit zu einer verbindlichen Gemeinde.
In der Zwischenzeit sind durch Teilung der angewachsenen Erstgemeinde mehrere Gemeinden entstanden, deren Größe 70 bis 100 Personen nicht überschreiten soll. Merkmale dieser Gemeinden sind ihre Aufteilung in eine Reihe von kleinen Runden: Es sollte sorgsam bemerkt werden, wenn jemand fehlt. Weiteres Merkmal ist ein intellektuell hoch reflektiertes Glaubensbewußtsein, weshalb viele Gemeindemitglieder aus der Großstadt Wien kommen, nicht aus der Pfarrei selber. Auch das Priesterbild hat sich während der Jahre verändert: Der Priester der Gemeinde steht in erster Linie dafür ein, daß die Gemeinde in lebendiger Verbindung zur Kirche bleibt, sowohl was die Tradition betrifft als auch die Gegenwart.
Geprägt ist das Gesicht der Gemeinde Wien-Machstraße von der Person des Pfarrers Paul Weß. Er hat seinen Ansatz noch einmal umfänglich entwickelt in seiner Habilitationsschrift: „Gemeindekirche – Ort des Glaubens. Die Praxis als Fundament und als Konsequenz der Theologie".[24] Weß versteht unter Gemeindekirche die Einlösung eines grundlegenden Paradigmenwechsels in Philosophie und Theologie: Die Kirche kann nur dann communio sein, wenn sie untergliedert ist

in Gemeinden, die eine überschaubare Größe nicht überschreiten. Die Anredeform „Bruder" und „Schwester" ist nach Weß deshalb in der Kirche verlorengegangen und zur Sonderanrede unter Klerikern und Mönchen/Nonnen geworden, weil die Gemeinden zu groß und damit nicht mehr ein Erfahrungsraum von Geschwisterlichkeit sind. Solche prinzipiell universale, im Einzelfall aber durchaus konkrete Form der Beziehung kann nur dann wiedergewonnen werden, wenn innerhalb der bestehenden Seelsorgestrukturen überschaubare Gemeinden gebildet werden.

8.4 Pfarrei Christkönig in Eschborn bei Frankfurt

1969 sollte die Pfarrei erstmals ihren Pfarrgemeinderat wählen. Man organisierte daher in Wohnungen Gesprächskreise, um eine möglichst hohe Beteiligung zu erzielen. Nach der Wahl wollte man diese Kreise nicht einfach auflösen, weil man gute Erfahrungen damit gemacht hatte. So bestanden schließlich die Kreise in unterschiedlicher Intensität weiter, wobei nun hauptsächlich die Lebens- und Glaubenserfahrungen der einzelnen zur Sprache kamen. In einem weiteren Schritt hielt man dann zu den eigenen Lebensgeschichten die Glaubensgeschichten der Bibel. Angestrebt wurde dabei nicht exegetisches Wissen, sondern persönliche Betroffenheit und Nachfolge. So wurde die Gemeinde immer mehr Subjekt ihrer eigenen Geschichte. Das zeigte sich darin, daß man in der Gemeindekatechese und bei der Gestaltung der Eucharistie neue Wege ging, die kommunikativ angelegt waren.
Im nachhinein sieht Pfarrer Heinz-Manfred Schulz die Gemeindeentwicklung in Eschborn durchaus kritisch: Die Gemeinde sei zwar Ort gemeinsamen Wachstums gewesen, aber auch Ort der Behinderung. Das einengende Gebotschristentum sei zwar zurückgelassen, doch neue Sollensvorschriften seien aufgestellt worden; mit neuen Sehweisen sei häufig neuer Druck gemacht worden. Das Gemeindezentrum habe die Gefahr in sich getragen, die Gemeinde als ausschließliches Zentrum zu sehen und alles durch diese Brille zu bewerten. „Wir versuchten zwar, den einzelnen Menschen mehr in den Blick zu bekommen, Glauben als persönliches Gerufensein,

Evangelium als Zusage und Herausforderung zum Leben zu begreifen, übersahen aber oder verdrängten die persönlichen Gefühle vieler dabei: Wünsche und Interessen, Ängste und Befürchtungen. Immer neue Wegweiser setzend, als Ziele in sich gut, übersahen wir, daß diese den einzelnen dann nicht mehr wirklich voranbringen, wenn er vor lauter Zielen sich selbst nicht mehr anzuschauen wagt. Wir sahen noch nicht die Gefahr, daß man sich an hehren Zielen auch festhalten und sie dann, fast zwanghaft, gegen andere verteidigen kann, sogar muß, um die eigene, nicht so hehre Wirklichkeit nicht sehen zu müssen" (H.-M. Schulz, Die Peripherie als Zentrum. Die Suche nach meinem Ort der Versöhnung).[25]
Die Bedenken von Schulz bringen zum Ausdruck, daß Intensivgemeinden oft auch Überforderungen mit sich bringen und zu einer neuen Gesetzlichkeit führen können. Daraus erwächst die Gefahr einer „Apparatepastoral": Papiere, Strategien, Konzepte entstehen en masse. Dabei geht die „Samenkorn-Pastoral" unter. Das Samenkorn darf sich selbst nicht bewahren. Wenn Kirche sich selber bewahren will, schafft sie kein Leben mehr, sondern behindert es.

8.5 Katholisches Forum Dortmund

Der Leiter des Katholischen Forums, Pater Werenfried, gibt nach zehn Jahren des Bestehens eine Selbstvergewisserung:

Das Logo des Forums

- Das Kreuz in der Mitte als das Symbol christlicher Spiritualität.
- Die darum im Kreis angeordneten Elemente als Zeichen der Gemeinschaft – um eine Mitte versammelt.
- Die Lücke darin als Hinweis auf Offenheit gegenüber der Welt und neu hinzukommenden Menschen.

Skizze 22: Logo des Katholischen Forums

Mit Phantasie und langem Atem

Seit zehn Jahren gibt es nun das Katholische Forum. Wir wollen kein „Jubiläum" feiern, deswegen auch keine „Festschrift" erstellen, wohl aber ein wenig innehalten. Was ist in dieser Zeit gewachsen? Was haben wir in unserer Arbeit erfahren? Was hat uns bewegt? 1983 formulierten der Paderborner Erzbischof Dr. Johannes Joachim Degenhardt und einige Franziskaner die Zielsetzung des neu zu gründenden Pastoralprojektes: „Das Katholische Forum in der Dortmunder Innenstadt soll ein Ort sein, wo in Gespräch, Begegnung, Gottesdienst und Meditation die Fragen und Nöte verunsicherter, aber suchender Menschen zur Sprache kommen. Dazu müssen auch neue Wege erkundet und gegangen werden."

Das Wichtigste zunächst: Man muß eine Idee haben. Danach braucht man Phantasie und einen langen Atem. So fingen wir „einfach" an, offiziell am 14. März 1984. Seither ist das Forum gewachsen, hat sich vieles verändert – nicht aber der grundlegende Ansatz. Was haben wir in unserer Arbeit erfahren, die sich an diesem „Anliegen" orientiert? Einige Perspektiven möchten wir Ihnen nennen, Leitsätze, die uns zuwuchsen und die für uns wichtig sind.

Pastoral ist nicht zuerst eine Frage der Methode, der Strategie oder des Geldes, sondern der eigenen Haltung. Seelsorge kann man nur mit der Glaubwürdigkeit der eigenen Person betreiben. Darin liegt unsere Chance, aber auch eine hohe Anforderung. Wir setzen keine Bedingungen an den Anfang unserer Begegnungen. Niemand muß zuerst die eigene Ehe in Ordnung bringen, die Kinder taufen lassen, den Gottesdienst besuchen. Vielleicht steht all das am Ende einer langen Entwicklung – am Anfang steht nur die Sehnsucht.

Freiheit des einzelnen

Wir verstehen uns selber als Teil der Kirche, nicht aber als kirchliche Funktionäre, die anderen etwas beibringen, gar „verpassen" wollen. Es geht uns um einen tiefen Respekt vor allen Formen des Glaubens oder Unglaubens eines Menschen. Unsere Arbeit lebt von der Freiheit und Würde des einzelnen. Er allein bestimmt Maß und Dauer von Kontakt und Begleitung.

Die Hauptaltersgruppe der Menschen, die ins Forum kommen, liegt zwischen 25 und 55 Jahren. Es sind fast genauso viele Männer wie Frauen. Viele kommen mit einer Hypothek, die für sie vor allem mit dem Wort „Kirche“ verbunden ist. In diesem Zusammenhang fallen immer wieder Worte wie „Geld“, „Macht“, „Gebote“, „Verbote“, „Unfreiheit“, „Angst“. Fast alle vermissen eine menschenfreundliche und zum Leben ermutigende Kirche. Sie sind enttäuscht, verbittert – und suchen doch im Raum der Kirche nach Sinngebung und Orientierung. Sehr oft handelt es sich um einen ersten vorsichtigen Kontakt nach Jahren der Distanz.
Andere sind durchaus in ihrer Gemeinde beheimatet und engagiert. Ins Forum kommen sie, vor allem zu den Gottesdiensten am Samstagabend, weil sie nach spirituellen Impulsen für den Alltag suchen oder weil sie in der eigenen Gemeinde keine Antwort auf ihre existentiellen Fragen bekommen. Zumindest ist das ihr subjektiver Eindruck.

Suche nach Sinn
Besonders in den ersten Jahren war oft der Vorwurf zu hören: „Das Forum zieht die besten Leute aus unseren Gemeinden ab.“ Das war und ist nicht unsere Absicht. Im Gegenteil: Ein Großteil der Forumsbesucher hat schon seit langem keinen Kontakt mehr zu seiner Gemeinde. Außerdem ermutigen wir die Menschen, sich auf Dauer einen Ort des Engagements zu suchen, zum Beispiel die eigene Pfarrgemeinde. Im übrigen liegt es in der Freiheit des einzelnen, den Ort zu finden, an dem er sich angesprochen und spirituell beheimatet fühlt. Diese Entscheidung zwischen Wahl- und Ortsgemeinde gilt es zu respektieren. Dabei machen wir die Erfahrung, daß ein bestimmter Menschentyp, der in den Gemeinden kaum noch anwesend ist, in bestehende Gruppen und Formen schwer zu integrieren ist. Im übrigen verstehen wir unser Projekt als Ergänzung zur Arbeit der Gemeinde, nicht als Konkurrenz, wie ja das Forum auch im Grunde nichts tut, was nicht auch in einer Pfarrgemeinde geschehen könnte. Dabei ist aber wohl nicht nur das „Was“, sondern auch das „Wie“ entscheidend.
Leben und Glauben verlaufen in langen Prozessen. Daher ist es wichtig, sich und dem anderen Zeit zu lassen. Alle Unge-

duld schadet. Es kann nicht darum gehen, kurzerhand jemanden zu bekehren, wieder in die Kirche aufzunehmen oder zu taufen, damit die Bilanz stimmt. Es gilt, so ein Wort aus Taizé, das vom Evangelium zu leben, was jemand heute leben kann, und auf den nächsten Schritt zu hoffen. Das heißt auch, daß jemand nicht zu jedem Zeitpunkt alles glauben muß, daß es eine Hierarchie von Wahrheiten gibt und eine Teilidentifikation. Die Alternative „Alles oder gar nichts, rein oder raus" ist unmenschlich und unchristlich.

Vielfalt der Formen

Unsere Arbeit braucht daher auch eine Vielfalt der Formen und Wege. Das meint nicht den oberflächlich-peinlichen Gag, sondern Phantasie und ein Gespür für Stimmigkeit und Niveau. Spitze Bemerkungen, ob „das denn noch katholisch" sei, sind wenig hilfreich und zeigen eher die Ängstlichkeit und Enge des Fragenden. Es geht um eine neu zu entdeckende Ganzheitlichkeit, Menschen anzusprechen durch Wort, Musik, Bild, Bewegung, Essen und Trinken, Gespräch und Gemeinschaft.

Im Forum treffen sich auch viele evangelische Christen. Wir fragen nicht nach Konfession und Weltanschauung. Uns ist wichtig, daß sich der einzelne wohl fühlt und den nächsten Schritt für seinen Weg findet. Während der Restaurierung der Propsteikirche von 1986 bis 1988 erfuhren wir zwei Jahre lang eine erfrischende Gastfreundschaft der evangelischen Petri-Gemeinde, deren Kirche nur wenige hundert Meter entfernt liegt. Dadurch sind viele freundschaftliche Kontakte entstanden. Noch heute feiern wir dort Oster- und Weihnachtsgottesdienste.

Als franziskanische Initiative fühlt sich das Forum besonders den „Armen" verpflichtet. Da der Schwerpunkt unserer Arbeit nicht im karitativen Bereich liegt, kommen wir zwar auch, aber nicht an erster Stelle mit materieller Armut in Berührung. Wohl aber mit dem Sinndefizit der modernen Industriegesellschaft, mit Menschen, die äußerlich gut versorgt sein mögen, nicht arm, aber „arm dran". Wie konnte es geschehen, daß die großen gesellschaftlichen Aufbrüche unserer Zeit zunächst außerhalb der Kirche begannen, oftmals sogar gegen kirchlichen Widerstand? Das hat etwas mit einer grundsätzlichen Blickrichtung zu tun, mit Problembewußtsein, Sprache und neuen Formen.

Nicht alle Wahrheit

Immer wieder stehen wir vor der Frage: Wie können wir den „Dunstkreis des Innerkirchlichen" verlassen? Wie gelangt die Botschaft des Forums auch in solche Bereiche unserer Stadt, die kirchlichem Bemühen nicht so leicht zugänglich sind? Wir haben nicht alle Wahrheit, nicht alle Liebe, nicht allen Sinn. Wir dürfen dankbar registrieren, daß gerade außerhalb der Kirche evangelische Werte gelebt werden: eine überzeugende Menschenfreundlichkeit, ein engagierter Friedenswille, Ehrfurcht vor der bedrohten Schöpfung, ein leidenschaftlicher Kampf für die Armen dieser Welt.

So entstand zum Beispiel der „Bettelstab", den das Forum alle zwei Jahre an Menschen verleiht, die sich in Dortmund in exemplarischer Weise für Gerechtigkeit, Solidarität und Menschenwürde einsetzen. Aus diesem Grunde auch unser Bemühen, in Aktionen zu aktuellen gesellschaftlichen und politischen Problemen eine „Spiritualität der Straße" zu entwickeln. Im gleichen Zusammenhang auch die Bedeutung der Öffentlichkeitsarbeit auf den „modernen Kanzeln": Die Dortmunder Tageszeitungen berichten über unsere Veranstaltungen, das Lokalradio sendet alle vierzehn Tage einen kurzen Beitrag des Forums.

Kommunikation, in welcher Form auch immer, ist nicht nur eine seelsorgliche Methode. Sie wird in dieser Zeit immer mehr zum eigentlichen Ort der Gotteserfahrung. In unserer Arbeit stellen wir fest: Der Glaube an Gott geht über andere Menschen. Deshalb auch die Bedeutung des Gespräches und der verschiedenen Gruppen im Forum. Beim Stehcafé nach den Gottesdiensten geht es nicht um die Tasse Kaffee, sondern um das, was vielleicht ausgelöst wird: Austausch, Nähe, Zuwendung, Dazugehören, Freude.

Unser Glaube will in vielen menschlichen Gesten und Worten spürbar werden. Es ist ein Zeichen von Angst, dies vorschnell mit dem Wort „Subjektivismus" abzuqualifizieren. Das ganze Leben ist „subjektiv". Die „Objektivität" Gottes gerät dadurch nicht in Gefahr.

Die „Fernstehenden" haben uns verändert. Das Gespräch mit ihnen bewahrt vor kirchlicher Enge und schafft eine innere Freiheit gegenüber Neuem und anderem. Die kirchlich Distanzierten haben den kirchlich Integrierten oft Wichtiges zu sagen. Wir lernen von ihrer Offenheit, ihrer Fairneß, ihrer Wachheit der Welt gegenüber, von ihrer Ehrlichkeit auf der Suche nach einem tragfähigen Grund. Es ist ein Fehler, Intoleranz mit Treue zu verwechseln. Wir empfinden die „Fernstehenden" als Bereicherung, nicht als Bedrohung.
Soviel zu unseren Leitsätzen. Ihre konkrete Ausformung findet sich in den verschiedenen Angeboten des Katholischen Forums, Propsteihof 10, 44137 Dortmund. Zur Zeit gibt es folgende Angebote:

Inhalte und Angebote der Arbeit des Katholischen Forums:

Einzelgespräch
Als Hilfe in schwierigen Situationen, als Begleitung in Sinn- und Glaubensfragen; Termin nach persönlicher Vereinbarung.

Forum-Gottesdienst
Thematische Gottesdienste, musikalische Gestaltung durch die Musikgruppen des Forums „Fluidum", „Kontrapunkt", „Akzente" u. a.; anschließend Stehcafé jeden Samstag um 18.30 Uhr in der Dortmunder Propsteikirche (600–800 Pers.).

Glaubenskurs
Eine Folge von zehn Abenden zu zentralen Themen des christlichen Glaubens: Information, Gespräch und Meditationsimpuls; Teilnahme nach vorheriger Anmeldung (30 Teiln.).

Kurs zur Glaubensvertiefung
Fünf Abende zur Auseinandersetzung mit dem eigenen Gottesbild und für die Suche nach konkreten Formen persönlicher Spiritualität: erfahrungsorientierte Übungen, Bibelgespräch, Meditation; Teilnahme nach vorheriger Anmeldung (15–20 Teiln.).

Treffpunkt Meditation
Sich und die Beziehung zu Gott vertiefen durch Stille, Gebet, Gesang u. a. in einfachen Formen; anschließend: Begegnung und Gespräch beim Tee; einmal im Monat, offen für jeden (20–25 Teiln.).

Freitagsforen
Abende zu aktuellen Existenz- und Glaubensfragen mit Referenten; Livemusik der Gruppe „Signale" u. a.; Wort- und Bildbeiträge; Diskussion und Meditationsimpuls; von Oktober bis April monatlich, offen für jeden (400–700 Teiln.).

„Forum aktuell"
Aus dem Wunsch heraus, den Glauben zu „erden"; sich mit aktuellen Ereignissen und Entwicklungen in Gesellschaft und Kirche konstruktiv-kritisch auseinanderzusetzen. Information, Gespräch, Podien u. a.; nach Ankündigung, offen für jeden (30–50 Teiln.).

Offener Gesprächskreis
Gespräch über selbstgewählte Themen, kein Referent. Jeder ist eingeladen, den Abend mitzugestalten; einmal im Monat, offen für jeden (30–50 Teiln.).

Forum für junge Leute
Wege erkunden auf der Suche nach einem liebens- und lebenswürdigen Glauben: spirituelle Impulse, Gespräch, Bewegung und Spiel, Texte, Stille, Musik, für junge Leute von 18 bis 28 Jahren; jeden zweiten Donnerstag im Monat (25–35 Teiln.).

Gesprächscafé
Angebot zu Kontakten und Gesprächen bei Kaffee und Kuchen mit abschließender Meditation um 17 Uhr; jeden Mittwoch ab 15.30 Uhr, offen für jeden (30 Teiln.).

Forumswanderung
Vorbereitet und geleitet durch ein Ehepaar. Eine ideale Möglichkeit, neue Freunde zu finden. Anfahrt mit Pkw (Fahrgemeinschaften); einmal im Monat, sonntags von 10 bis ca. 16 Uhr, offen für jung und alt (40–70 Teiln.).

Sonntagstreff
Gemeinsam einen Sonntagnachmittag verbringen: Begegnung, Gespräche über „Gott und die Welt", Kaffeetrinken u. a.; jeden ersten Sonntag im Monat, offen für jeden (ca. zehn Teiln.).

„Aktion langer Abend"
Nach dem Gottesdienst zusammen den Abend verbringen, um sich kennenzulernen; gemeinsam etwas unternehmen und darüber entscheiden, ob Straßenfest, Kino, Essen oder anderes; einmal im Monat, am 2. Samstag, ca. 20 Uhr, offen für jeden (ca. 20 Teiln.).

„Pax an"
Eine Gruppe im Forum, die die „Spiritualität der Straße" entdecken, d. h. den Glauben nicht nur hinter festen Mauern leben möchte; Solidarität zeigen mit anderen Menschen; die Straße selbst zum „Forum" machen; zu aktuellen Anlässen (30 Mitgl.)

Aktion „Bettelstab"
Öffentlicher Preis des Katholischen Forums für Personen oder Gruppen in Dortmund, die andere Menschen seelisch, körperlich oder materiell vor dem „Bettelstab" bewahren; die franziskanische Werte wie Offenheit, Solidarität und Achtung vor der Menschenwürde leben; alle zwei Jahre zum Franziskusfest.

Drei Musikgruppen
„Kontrapunkt", „Akzente" und „Fluidum"; musikalische Gestaltung der Gottesdienste und anderer Veranstaltungen des Katholischen Forums.

Gruppe „Confetti & friends"
Theatergruppe mit drogenabhängigen Jugendlichen.

8.6 Grundkurs Gemeindlichen Glaubens (GGG)

Einen beachtenswerten Weg zur Vertiefung der Spiritualität von Gemeindemitarbeitern geht die Diözese Passau. Dabei verdient es durchaus bemerkt zu werden, daß das Gebäude, in dem dies geschieht, ein ehemaliges Knabenseminar, vorher ein Spital war. Die Geschichte des Hauses prägt das Programm: Das Seminar förderte früher die Priesterberufe, heute fördert es die Gemeindeberufung. Der dafür erforderliche Glaube soll als heilender und gesund machender erfahrbar werden. Diese Absichten haben zur Entwicklung eines Grundkurses gemeindlichen Glaubens geführt. Initiiert wurde dieser Aufbruch vom Pastoraltheologen P. M. Zulehner, in die Tat umgesetzt und mit Hand und Fuß versehen von Pfarrer Josef Fischer.

Es geht um die Erneuerung der Kirche in ganz gewöhnlichen Pfarrgemeinden. Dieser Weg unterscheidet sich sowohl von der Gemeindeerneuerung durch geistliche Bewegungen (wie charismatische Bewegung, Neokatechumenat oder Lombardi-Bewegung) als auch vom Ansatz anspruchsvoller und überfordernder Modellgemeinden. Ziel des Weges ist der uralte Traum Gottes von der Kirche, nämlich ein Volk zu sammeln, mit dem er in der Geschichte unterwegs ist. Diese Form von Gemeindeerneuerung hat zur theologischen Prämisse: Bauherr der Kirche ist Gott, er erbaut die Kirche aus lebendigen Steinen, aus Menschen, die sich ansprechen, beanspruchen lassen und dadurch neu eine Sprache für ihre religiöse Berufung bekommen. Es handelt sich um eine unvertretbare Kirchenberufung, die eine Ekklesiogenese zur Folge hat. Diese Methode (verstanden als prozeßhafter Weg, nicht als strategisches Mittel) kennt fünf Schritte:

1. Mit anderen wegfahren in Häuser (speziell in das Haus der Begegnung), in denen schon immer die Frage gestellt wird: Herr, was willst du, daß ich tun soll? Beim Entdecken der eigenen Geschichte geht es um die Erfahrung, daß jeder etwas zu sagen hat, daß jeder Autor ist. Jeder ist Ur-Heber seiner Geschichte, ist Autorität, ist unvertretbar und unverzichtbar beim gläubigen Weg einer Gemeinde.
2. Das Erzählen der eigenen Lebens- und Glaubensgeschichte: Jeder wird entdecken, daß er eine Bibel in sich hat, daß sein Leben längst schon in Berührung steht mit biblischen Geschichten. Dies kommt in der Gestaltung der Zimmer durch biblische Symbole und Namen zum Ausdruck.

3. Die Bibel aufschlagen und sie fortschreiben mit der eigenen Lebensgeschichte. Die eigene Lebensgeschichte ist eine Fortsetzung der biblischen Heilsgeschichte.
4. Erst nach dem Durchgang durch die eigene Lebensgeschichte, der heilsamen Unterbrechung des gängigen und gängelnden Bewußtseins, sollen die pfarrlichen und persönlichen Fragen nach dem Tun und der Praxis gestellt werden: Was soll, was kann ich tun?
5. Nach der Entdeckung des eigenen Ortes im „Traum Kirche" soll die erfahrene Berufung gefeiert werden, wie es im zweiten Hochgebet heißt: „Wir danken dir, daß du uns berufen hast, vor dir zu stehen und dir zu dienen."

Der Grundkurs Gemeindlichen Glaubens ist getragen von der erklärten Absicht, die Ortsgemeinde in ihrer ganz gewöhnlichen Form von Traditionsverhaftetheit, Stagnation und Sehnsucht nach neuem Lebensausdruck zu einem Ort werden zu lassen, wo Glaube entstehen, wachsen und lebendig bleiben kann.

Das *Haus der Begegnung* „Heilig Geist" öffnet sich allen,

- die sich von Gott und der Welt bedrängen lassen,
- die unsere heutige Lebenswelt und Kultur tiefer kennenlernen möchten,
- die nach dem Platz, den darin die Kirche einnimmt, fragen,
- die über ihr eigenes Leben nachdenken und mit anderen ins Gespräch kommen wollen.

Allen, die auf der Suche nach Orientierung und Weisung sind, möchte das Haus Herberge geben. Dabei lebt es vom mitgebrachten Erfahrungsschatz und Lebensreichtum derer, die es besuchen.

Die Pfarreien (der Diözese Passau) sind eingeladen,

- in Gruppen das Haus aufzusuchen und
- miteinander den Weg ihrer Gemeinde
- im Zusammenhang der heutigen Lebensverhältnisse und
- im Licht des Evangeliums zu sehen und zu gehen

(Adresse: Haus der Begegnung, Spitalgasse 207, 84489 Burghausen).

8.7 Gemeinde XY

Zusammenfassend für alle gemeindlichen Aufbrüche kann festgehalten werden, daß es in ihnen um eine Korrelation von Lebens- und Glaubensgeschichte geht, um eine Deutung des Lebens an seinen aktuellen Brennpunkten mit den Urerfahrungen, wie sie in der Bibel festgehalten sind.

Gemeindeaufbau beginnt damit, daß glaubende Menschen in einer Gemeinde sich auf den Weg machen. Dieser Weg kann verschiedene Anfänge und verschiedene Etappen haben. Erste Schritte könnten sein:

- Gesprächskreise anbieten zu Themen, die die Gemeindemitglieder betreffen;
- Kasualien „nützen", um Betroffene miteinander ins Gespräch zu bringen;
- Bildung von Projektgruppen im Zusammenhang mit den gemeindlichen Grundgesten;
- Familien- und Hausgottesdienste in Nachbarschaften oder Wohnvierteln; dafür sollte bei der liturgischen Terminplanung immer auch Platz gelassen werden;
- Gruppengottesdienste mit gemeinsamer Vorbereitung und anschließender Agape;
- Bildungswochenenden und Familienfreizeiten;
- Einführung von Bibelgesprächen in bestehenden Gruppen;
- Glaubensseminare in kirchlichen Rüstzeiten mit Kleingruppen, wobei die Bibelarbeit den Schwerpunkt bilden sollte.

Geradezu beispielhaft ist dieser „unprätentiöse", aber wirkungsvolle Ansatz in *St. Maria im Kapitol* in Köln verwirklicht: Die einladende Grundhaltung dieser Gemeinde beginnt bereits mit dem aufgelegten Kirchenführer. Von den „musealen", kunstgeschichtlich bedeutsamen „Objekten" wird hingeführt zum Begegnungsraum mit Gott: „Vielleicht ist Ihnen beim Betreten der Kirche das Mosaik der beiden am Wasser trinkenden Hirsche aufgefallen. Es erinnert an Psalm 42,1: Wie der Hirsch lechzt nach frischem Wasser, so lechzt meine Seele, Gott, nach dir. – So könnte das Bild der Hirsche ein Sinnbild sein für Menschen, die nach Gott dürsten; die die Begegnung mit ihm suchen; die durch ihn, den lebendigen Gott, leben möchten. Diese Möglichkeit will Maria im Kapitol Ihnen bieten durch ..."

Dann werden die einzelnen Angebote beschrieben: Begegnung mit dem lebendigen Gott; eine Hinführung zur Praxis der Spiritualität in Gebet, Musik und Stille; Exerzitien im Alltag; Gesprächskreis für junge Eltern; Predigtgespräch; Predigt zur Fastenzeit (gehalten von Pastoral- und Gemeindereferenten); Meditation; Gottesdienste, aufgeteilt in Hauptgottesdienst, Krabbelmesse und Jugendmesse; Führungen (am letzten Sonntag im Monat); Konzerte und musikalische Veranstaltungen.

Durch diese Angebote betont die Gemeinde sowohl ihre Orthaftigkeit, aber auch ihre Offenheit für die ganze Stadt (Adresse. St. Maria im Kapitol, Marienplatz 17–19, 51145 Köln).

Bei allen gemeindlichen Neuaufbrüchen und Erneuerungsversuchen empfiehlt es sich, zu beherzigen, was der Pastoraltheologe P. M. Zulehner für pastorale Innovationsprozesse an gedeihlichen Voraussetzungen vorgeschlagen hat:

1. Wenn es einen gemeinsamen Beschluß über das Reformprojekt gibt, so bestehen bessere Chancen.
2. Reformen gelingen um so eher, je mehr die Betroffenen das Gefühl haben, daß die Reform ihre eigenen Wünsche und Ziele aufgreift und ihnen nicht von außen aufgezwungen wird.
3. Die Reform wird gestützt, wenn das Reformprogramm Hoffnung auf bessere Kirchenpraxis macht und die Betroffenen hoffen können, dadurch entlastet zu werden.
4. Innovatorische Prozesse werden begünstigt, wenn die Betroffenen an den diagnostischen Anstrengungen teilnehmen, in der Definition des zu lösenden Problems übereinstimmen und das Gewicht dieses Problems fühlen.
5. Reformanliegen, die Autonomie und Sicherheit der Betroffenen bedrohen, haben nur geringe Chancen.
6. Stimmt das Reformprojekt mit den überkommenen und den vertrauten Idealen und Werten der Kirche überein, so hat es mehr Aussicht auf Erfolg.
7. Der Widerstand gegen Reformen wird um so geringer sein, je mehr wohlwollende Unterstützung die Reform auch bei

den Verantwortlichen der Organisation (Kirche) genießt. Gut für den Verlauf von Innovationen ist es, wenn die am Prozeß Beteiligten (die Betroffenen, die Verantwortlichen, die Reformberater) Gefühle der Akzeptanz, der Unterstützung, des Vertrauens und der Zuverlässigkeit entwickeln können.

8. Unterstützt wird der Reformprozeß durch einen fairen Dialog auch mit dessen Gegnern: Ihre Argumente sind zu prüfen und zu berücksichtigen, unnötige Ängste sind abzubauen.
9. Widerstand wird gemindert, wenn die Reformer zu erkennen geben, daß ihre Pläne mißverstanden werden können, und wenn sie Vorsorge treffen, daß eine ungünstige Aufnahme der Reformpläne nicht erfolgt.
10. Erleichtert werden Reformen dadurch, daß immer auch Korrekturen möglich bleiben.

Die *Organisationsentwicklungstheorie* geht bei gedeihlichen Entwicklungsprozessen von drei notwendigen Phasen aus: dem Auftauen (unfreezing), dem Verändern (changing) und dem Einfrieren (refreezing).

Bei den meisten Veränderungen wird auf die erste Phase, das Auftauen, verzichtet; d. h. Menschen werden mit Veränderungsprozessen konfrontiert, deren Sinn sie nicht einsehen. Dies bedeutet, Samen auf gefrorene Erde streuen. Veränderungen implizieren nämlich auch neue Verhaltensformen: Solange diese nicht klar und eingeübt sind, bleiben alle Veränderungen aussichtslos. Es hieße das „Meer pflügen". Die Wogen des Gewohnten und Vertrauten würden sehr schnell das Neue überfluten und einebnen. Veränderungsprozesse brauchen Zeit, auch eine Umweg-Zeit. Verspätungen sind einzukalkulieren. Die zu schnelle Transplantation von Reformideen stößt häufig auf Abwehr. Eine Transplantation führt dann zu heftigen Abstoßreaktionen.

9. Gemeindepastoral zwischen Vision und Planung

Die Konferenz der deutschsprachigen Pastoraltheologen befaßte sich im September 1993 mit dem Thema „Planung und Vision. Die Frage nach der Zukunft der Seelsorge". Auf diesem Kongreß haben auch Vertreter der Seelsorgeämter ihre Pastoralpläne für das nächste Jahrtausend vorgetragen. Zwei Modelltypen haben sich herauskristallisiert: a) ein Modell, das eher auf Visionsarbeit setzt (etwa Basel und Rottenburg-Stuttgart); b) ein anderes, das der pastoralen Planung den Primat gibt (etwa Speyer).
Nun wäre es aber verhängnisvoll, beide Modelle gegeneinander ausspielen zu wollen. Rolf Zerfaß hat in seinem beeindruckenden Schlußreferat des Kongresses vor dieser Alternative gewarnt. Vor allem wies er mit Nachdruck darauf hin, daß sich Visionen oft mit den Konnotationen „Nonkonformismus, Progressismus und Aufgeschlossenheit" schmücken, während pastorale Reformprozesse eher den Geschmack des Anpaßlerischen und Kompromißhaften mit sich führen. Er bemerkte kritisch, „daß wir Pastoraltheologen uns in den zurückliegenden 30 Jahren fast ausschließlich auf die Produktion von Visionen und weitmaschigen Skizzen der pastoralen Großwetterlage verlegt haben, statt uns kompetent zu machen, Reformprozesse des ortskirchlichen Formats auch nur zu verstehen. Jahrzehntelang hatte das Wort ‚Kirchenreform' Hochkonjunktur. Wir haben uns wahre Glaubenskriege mit den großkalibrigen Kanonen ‚Gemeindekirche' versus ‚Volkskirche' geleistet."
Als Weg in die Zukunft machte er den Vorschlag, das Plädoyer der Option für die Vision konkreter zu gestalten: „Was einer Option ihre Kraft verleiht, sich auch gegen Widerstände zu

behaupten, ist nicht das Gewicht der Sache, sondern das Gesicht der Menschen und Menschengruppen, für die, mit denen zusammen, in deren Namen und Interesse ich dieses oder jenes betreibe."

Den Vertretern der Kooperativen Pastoral schrieb er ins Stammbuch, die binnenkirchliche Perspektive mit dem offenen Horizont der Gottesherrschaft zu verknüpfen. Er bezeichnete den Leidensdruck, der hinter dieser Konzeption steht, als gute Chance für gedeihliche Lernprozesse. Denn wer nicht leidet, hat keinen Anlaß, etwas zu verändern. Dieser Leidensdruck hat endlich die Ebene der diözesanen Kirchenleitungen erreicht. An den laufenden Planungsüberlegungen ist positiv, daß sich die Ortskirchen exponieren müssen. Sie bekommen dadurch ein Profil und ein Gesicht. Die Gemeinden werden sehr schnell merken, ob ihnen die Bistumsleitung nur Placebos bietet oder echten Veränderungswillen an den Tag legt.

Die Kooperative Pastoral ist also durchaus nicht „optionslos" oder „visionsarm": „Visionär an der Kooperativen Pastoral ist alles, was mit dem Begriff Kooperation unausweichlich mitgesetzt ist: Respekt vor der Freiheit und Individualität von einzelnen und Gruppen in der Kirche; Abschied von überkommenen Rollenfixierungen und Machtstrukturen; der Mut, sich auf Konflikte einzulassen, die mit allem wesentlichen Wachstum untrennbar verbunden sind."

Ein Blick in verschiedene Pastoralpläne von Diözesen soll also nicht fertige Lösungen liefern, sondern Richtungen aufzeigen, in die bislang der Weg eingeschlagen wurde. Das gemeinsame Ziel ist dabei, Seelsorge auch im nächsten Jahrtausend zu garantieren.

Die folgenden Darstellungen zu breit + voller situationsgebundener Details;

9.1 Bistum Aachen

9.1.1 *Historische Entwicklung*

Seit dem späten 19. Jahrhundert gab es Bemühungen zur Ausgliederung eines Bistums Aachen aus Teilen des übergroßen Erzbistums Köln. Das Preußische Konkordat von 1929 führte dann schließlich zur Errichtung des Bistums Aachen aus Teilen der Bistümer Köln und Münster. Das Bistum Aachen ist

damit eines der jüngsten Bistümer der Bundesrepublik Deutschland vor der Wiedervereinigung.
Geographisch gesehen prägen drei Regionen das Bild des heutigen Bistums: Teile der Nordeifel, die Dürener Börde und das niederrheinische Tiefland. Die Städte Aachen (in kultureller und wirtschaftlicher Hinsicht selbständig), Krefeld (als Oberzentrum für das Gebiet des linken Niederrheins) und Mönchengladbach-Rheydt haben regionale Bedeutung auch für das Umland.
Wenn man die Pfarreientwicklung des Bistums Aachen betrachtet, so kann man feststellen, daß seit der Bistumsgründung viele kleine Pfarreien das Bild des Bistums prägen. Von den 1933 insgesamt 432 Pfarreien hatten 19 mehr als 10.000 und 170 weniger als 1000 Katholiken. Weitere 180 (66,7% aller Pfarreien) hatten eine Größenordnung bis zu 2000 Gemeindemitgliedern. Auch nach dem Zweiten Weltkrieg hatte sich diese Situation nicht grundsätzlich verändert. 1961 zählten noch 32,35 % der Pfarreien weniger als 1000 und nur 1,5% der Pfarreien mehr als 10.000 Katholiken.
Die Bistumsleitung förderte in den Nachkriegsjahren also trotz des sich abzeichnenden Priestermangels zunächst die Verkleinerung der größeren Pfarreien und die Vermehrung der selbständigen Seelsorgebezirke. 1971 erfolgte die Gründung von 75 Pastoralverbänden als Zusammenschluß mehrerer eigenständiger Gemeinden, die jedoch bereits 1973 wieder aufgehoben und durch die Gründung neuer Dekanate und überpfarrliche Zusammenarbeit ersetzt wurden.

9.1.2 *Erste Schritte zur Neuorientierung*

Ausgangspunkt für die Überlegungen zum Prozeß „Weggemeinschaft" war der Fastenhirtenbrief 1989 von Bischof Klaus Hemmerle. Auf diesen Brief nahm Hemmerle auch in seinem Schreiben an die Dechanten im Dezember 1992 Bezug: „In meinem Fastenhirtenbrief von 1989 habe ich angeregt, gemeinsam einen Weg zu gehen, um die Aufgaben der Pastoral in unserem Bistum auch in Zukunft unter veränderten Bedingungen wahrnehmen zu können."
Dieser Hirtenbrief war gedacht als Anregung für einen

Gesprächsprozeß, der die Regionaltage von 1989 bis 1992 prägte. Auch der Diözesanpriesterrat machte sich Gedanken und entwickelte Perspektiven für Leben und Dienste in den Gemeinden der Zukunft. Dabei wurde deutlich, daß der Gesprächsprozeß nicht nur auf diesen Ebenen, sondern vor Ort, in den Dekanaten und Gemeinden notwendig ist. Bischof Hemmerle erläuterte das in seiner Einführung zur Dechantenkonferenz der Regionen Kempen-Viersen und Krefeld am 14./15. Januar 1993:

„Das heißt für mich, jedes Dekanat ist der konkrete Handlungsort, es geht darum, die pastorale Situation wahrzunehmen, zu fragen, was können wir gemeinsam tun, wo haben wir eine gemeinsame Verantwortung, auch wenn es angezeigt ist, daß jeder für sich allein handelt, in welchen konkreten Kombinationen von Gemeinden müssen wir in Zukunft handeln, welche Prioritäten gilt es zu setzen?"

Hier wird nicht das in Frage gestellt, was auf den vorhergehenden Regionaltagen besprochen wurde und gewachsen ist, sondern es geht um einen Schritt hin zu mehr Verbindlichkeit auf der örtlichen Ebene. In diesem Zusammenhang benannte Bischof Hemmerle eine wichtige Voraussetzung für den Prozeß „Weggemeinschaft":

„Für mich geht es nicht nur um eine Phase des Dialogs, sondern Dialog ist das Lebensprinzip der Weggemeinschaft. Das heißt für mich, Modelle sollen sich von unten entwickeln, aber im Laufe dieses Jahres müssen von der Bistumsebene her Rahmenbedingungen geschrieben werden."

Auf diesem Hintergrund entstand überhaupt erst der Gedanke, für das Jahr 1993 jeweils zweitägige Konferenzen der Dechanten benachbarter Regionen einzuberufen, an denen neben den Dechanten und den leitenden Mitarbeitern der betroffenen Regionen auch Vertreter der Hauptabteilungen des Generalvikariates, der Bischof und der Generalvikar teilnehmen sollten.

9.1.3 *Die Konferenzen der Dechanten benachbarter Regionen 1993*

Bei diesen Konferenzen standen der Erfahrungsaustausch und die Kollegenberatung an erster Stelle und waren Voraussetzung für ein Weiterdenken bezüglich der nächsten Schritte in der Praxis. Aufgrund des teilnehmerorientierten Ansatzes, ausgehend von der konkreten Situation des jeweiligen Dekanates und der Teilnehmer, hatten alle Veranstaltungen zwar eine gemeinsame Grundstruktur, aber doch eine sehr individuelle Ausgestaltung.
Bei seiner Einführung auf der ersten Konferenz dieser Art mit den Regionen Aachen-Stadt und Aachen-Land am 11./12. Januar 1993 stellte Bischof Hemmerle die Besonderheiten des Prozesses „Weggemeinschaft" heraus: „Er unterscheidet sich deutlich von Wegen, die andere Bistümer wählen. Im Bistum Aachen gibt es keine Vorplanung von der Bistumsebene her, keinen Pastoral- oder Personalplan, der von oben kommt."
Auf der Konferenz der Regionen Düren und Eifel am 18./19. Januar 1993 faßte er sein Anliegen an die Dechantenkonferenz in drei Punkten zusammen: Handeln aus einer gemeinsamen Verantwortung heraus, pastorale Schwerpunkte setzen und über Konsequenzen für die Ausübung von Leitung und Personaleinsatz nachdenken.
Die gemeinsame Orientierung und die individuelle Ausgestaltung der jeweiligen Konferenz führten zu einem bemerkenswerten Ergebnis. Trotz der verschiedenartigen Gewichtung finden sich vier Punkte als sogenannter „roter Faden" bei allen Veranstaltungen wieder:

- neue Kultur des Miteinanders durch veränderte Gremienarbeit,
- partizipative Wahrnehmung von Leitungsaufgaben durch Vorstandsarbeit im Pfarrgemeinde- und Dekanatsrat,
- lebensraumorientierte Pastoral,
- Suche nach überzeugender und lebbarer Identität der einzelnen Dienste.

Diese vier Punkte sind quasi als Rahmen für den Prozeß „Weggemeinschaft" und als Quintessenz der vier Regionalkonferenzen wegweisend und damit Ausgangspunkt für weitere Überlegungen geworden.

Zum Themenkreis „Kultur des Miteinanders", der schwerpunktmäßig auf der Konferenz der Regionen Aachen-Stadt und Aachen-Land behandelt wurde, muß die Rolle des Dekanates und des Dekanatsrates im Kommunikationsprozeß neu bedacht werden. Zügige Information und Beteiligung aller Verantwortlichen in der Pastoral und eine neue Sitzungskultur hin zu einer Erzählgemeinschaft gehören zu den Grundvoraussetzungen für eine veränderte Gremienarbeit. Für ein effektiveres Arbeiten sind Substrukturen in Leitungsgremien im Dekanat, regelmäßige Dienstbesprechungen und Konferenzen, Zeitmanagement und Begleitung vorteilhaft.

Auf der Konferenz der Regionen Krefeld und Kempen-Viersen wurde besonders deutlich, wie wichtig der Austausch zwischen eher ländlich und eher städtisch geprägten Regionen ist. Die Konferenzteilnehmer stellten fest, daß es ohne eine Aufwertung der Rolle des Dekanates als Bezugsrahmen für das Zeugnis der Kirche in der Welt und als Planungsgröße für Personaleinsatz und pastorale Projekte nicht geht. Das heißt aber nicht, daß das Amt des Dechanten nicht in kommunikativer Weise wahrgenommen werden kann. Dazu gehört die Schaffung von Substrukturen, die Förderung der Zusammenarbeit der Pfarrgemeinderäte, die Entsendung von Bezugspersonen in kommunale Gremien mit entsprechender Zurüstung und Begleitung und Mitarbeiterführung. Auch über die Frage nach der Geschäftsführung des Dekanates durch Laien und die damit verbundene Entlastung auf dem Gebiet der Verwaltungsarbeit wurde nachgedacht.

Lebensraumorientierte Pastoral, beginnend bei der Analyse, war ein wichtiges Thema der Regionen Düren und Eifel. Dabei geht es in erster Linie um die Stärkung kleiner Zellen kirchlichen Lebens und erst danach um die Schaffung von Strukturen. Vorrang hat in jedem Fall die eigene Identität der Pfarrgemeinde, die zu schützen ist. Auch bei der Suche nach einer überzeugenden und lebbaren Identität der einzelnen Dienste im neuen Kontext einer an „Communio" orientierten Pastoral, wie sie bei der Konferenz der Regionen Heinsberg und Mönchengladbach propagiert wurde, ist es zunächst einmal wichtig, nach Charismen Ausschau zu halten und Erfahrungen auszutauschen. Aber auch die Frage nach Gemeindeleitung kam hier sehr intensiv zur Sprache. Ein wichtiger Punkt für den Prozeß „Weggemeinschaft" ist gerade in dieser Phase das Angebot von Hilfen und Begleitung bei allen angesprochenen Themenkreisen. Diese wurden durch die Hauptabteilung Gemeindearbeit in Form eines eigenen Referates „Gemeinde- und Dekanatsberatung" zur Verfügung gestellt.

9.1.4 *Die Konferenzen der Dechanten benachbarter Regionen 1994*

Mit einem Aufruf zur Neuorientierung schon innerhalb der gegebenen Strukturen blickte Bischof Klaus Hemmerle auf die vier Konferenzen des Jahres 1993 zurück. Für das Jahr 1994 wurde die Fortsetzung der Beratungen aus Sicht der Dekanate vereinbart. Nach dem Tod von Bischof Hemmerle lud der Diözesanadministrator, Weihbischof Dr. Gerd Dicke, die Dechanten der benachbarten Regionen zur Fortsetzung der Konferenzen ein. In der Zwischenzeit war viel passiert: Bischof Hemmerle hatte den Entwurf eines Briefes an die Dechanten vorbereitet und diesen dem Priesterrat in seiner Sitzung am 17. Januar 1994 vorgestellt. Dieser Entwurf und Teile des Rahmenkonzeptes, das eine Arbeitsgruppe des Priesterrates unter Mitarbeit der Hauptabteilungen Grundsatzfragen, Gemeindearbeit und Pastoralpersonal, eines Land- und eines Stadtdekans entwickelt hatte, bildeten den Schwerpunkt der Konferenzen des Jahres 1994.
Hinzu kam eine Einführung in die Personalentwicklung aller 64 Dekanate mit Projektionen bis 1997 bzw. 2007 und die Besprechung der örtlichen Situation.
Mit dem Bild einer Kugel, die von der Stelle, an der sie „Bodenhaftung" hat, das Ganze trägt, versuchte Domvikar Msgr. Johannes Pasch in seinem Bericht über die Personalarbeit auf die pastoralen Herausforderungen der nächsten Jahre aufmerksam zu machen. Von 1977 bis 1994 war im Bistum Aachen die Zahl der aktiven Priester um rund ein Drittel gesunken. In den nächsten Jahren wird es noch einmal ein Drittel der Priester im aktiven Dienst weniger werden.
Bei diesen Voraussetzungen geht es nicht darum, eine neue Personalverteilung vorzunehmen, sondern hier wird die „Weggemeinschaft" als Ansatz einer lebensraumorientierten

Pastoral gefordert durch einen intensiven Gesprächsprozeß zur Frage des einzelnen im Gesamt der Pastoral und eine neue Beweglichkeit in der Personalarbeit. Dieses Grundanliegen einer „situationsgemäßen" oder lebensraumorientierten Pastoral auf dem Hintergrund der Idee von der Kirche als dem Volk Gottes wird auch im Briefentwurf von Bischof Hemmerle vom 17. Januar 1994 deutlich, dessen Anliegen Msgr. Bernhard Kreutz mit einer kurzen Einführung deutlich machte.
Konkret bedeutet lebensraumorientierte Pastoral:
Schwerpunkte für Lebensräume setzen; Formen der dauerhaften Zusammenarbeit zwischen verschiedenen Gemeinden vereinbaren; Zusammenarbeit zwischen den verschiedenen Pfarrgemeinderäten im Pfarrverband suchen und Regelungen für praktische Fragen finden.
Auf diesem Hintergrund ist eine Neubestimmung des Begriffs „Dekanat" als Raum des Zusammenwirkens zwischen Gemeinden notwendig.
Alle vier Konferenzen haben sich zu einer positiven Beurteilung des Briefentwurfes entschlossen und dazu verpflichtet, im Rahmen der jeweiligen Möglichkeiten die Anliegen umzusetzen. Als Hilfe bietet das Referat „Gemeinde- und Dekanatsberatung" Pfarrgemeinderatsbegleitung, Seminare zum Thema „Partnerschaftliche Leitung und Mitverantwortung" für haupt- und ehrenamtliche Mitarbeiter und Mitarbeiterinnen, pastorale Supervision u. ä. an.
Insgesamt orientiert sich auch der weitere Weg im Bistum Aachen an den zehn Punkten eines für die Zukunft des Prozesses „Weggemeinschaft" erforderlichen und tragenden Konsenses (Januar 1992):

1. Erster und letzter Maßstab ist die Botschaft Jesu.
2. Weggemeinschaft ist Weggemeinschaft in und mit dieser Kirche.
3. Die Methode des Prozesses „Weggemeinschaft" ist bestimmt vom anderen Stil des Evangeliums.
4. „Versöhnung" ist wichtiger als „Erfolg".
5. Unsere vorrangige Option ist die für die „Kleinen", für jene „am Rand".
6. Die Vielfalt der Gaben und Dienste in der Kirche und auch in der Pastoral ist nicht Notstand, sondern Geschenk.

7. Das Bistum lebt in gegliederter Vielfalt (acht Regionen, nicht acht Bistümer; Zusammenarbeiten mehrerer Gemeinden, die als solche Gemeinde bleiben).
8. Die Weggemeinschaft des Bistums ist offen für die Vielfalt lebendiger Zellen und Gruppen, die ihr eigenes Leben entfalten und sich zugleich miteinander vernetzen.
9. Weltkirchliche Offenheit und vierfacher Dialog (Dialog in der Kirche, ökumenischer Dialog, Dialog mit anderen Religionen, Dialog mit anderen Weltanschauungen) sind wesentlich für den Prozeß Weggemeinschaft im Bistum.
10. Die sich dramatisch verschärfende Diasporasituation des Christentums und der Kirche stellt uns als Hauptaufgabe eine neue, glaubwürdige Bezeugung des Evangeliums.

9.2 Bistum Basel

9.2.1 *Historische Entwicklung*

Das Bistum Basel, heute größte Diözese der Schweiz, hat eine Geschichte, die sich bis ins 5. Jahrhundert zurückverfolgen läßt. Die Grenzen des heutigen Bistums gehen im wesentlichen auf eine Neuordnung im Jahr 1928 zurück (Konkordat), wonach das Bistum sich aus den Kantonen Basel, Solothurn (seitdem Bischofsresidenz), aus Teilen des aufgelösten Bistums Konstanz (Kantone Luzern, Zug, Aargau und Thurgau) und dem französischsprachigen Teil des Kantons Bern zusammensetzt. 1841 kam die Stadtpfarrei und 1864 der ganze Kanton Schaffhausen (vorher Bistum Chur) hinzu. 1864 schloß sich auch der Rest des Kantons Bern dem Bistum Basel an.
Größte Stadt und zugleich Industrie- und Handelszentrum ist Basel, an Bedeutung und Größe folgen die Kantonshauptorte Bern, Luzern, Solothurn, Aargau, Zug und Schaffhausen. Neben der Industrie in den Regionen Basel, Olten und Biel ist der Tourismus z. B. im Berner Oberland ein wichtiger Wirtschaftsfaktor im Raum des heutigen Bistums Basel. Insgesamt kann aber von einer eher ländlich geprägten Struktur gesprochen werden. Im dichtbevölkerten Mittelland und in den durch den Kanton Zürich vom übrigen Bistum getrennten Kantonen Schaffhausen und Thurgau herrschen größere Dörfer vor, im Voralpen- und Alpengebiet kleinere dörfliche Ansiedlungen.

Die konfessionellen Verhältnisse erfuhren mit der Industrialisierung ab 1850 starke Veränderungen. Die fast ausschließlich in protestantisch geprägten Regionen liegenden Industriezentren waren Anziehungspunkte für viele katholische Arbeiter. 1945 wurde diese Tendenz nochmals durch den Zuzug von Gastarbeitern verstärkt. Insgesamt blieb die katholische Bevölkerung jedoch immer in der relativen Minderheit (1980: 40,5%).
Die Diözese wurde bei ihrer Neuordnung 1828 in 21 Dekanate aufgeteilt. Diese Struktur wurde erst im 20. Jahrhundert verändert, wo vor allem in den Diasporagebieten neue Dekanate geschaffen und in den ländlichen Räumen einige zusammengelegt wurden. 1976 erfolgte eine Aufteilung in Regionen in Anlehnung an die Kantone, wobei das französischsprachige Gebiet eine einzige Region wurde.
Zur Gründung neuer Pfarreien infolge der Industrialisierung kam es hauptsächlich in den großen Diasporagebieten, besonders im Raum Basel und Bern; im 20. Jahrhundert dann auch in den eher katholisch geprägten Gebieten, besonders in Luzern und anderen Zentralorten. Seit 1973 können jedoch nicht mehr alle Pfarreien mit einem eigenen Pfarrer besetzt werden. 1988 ist in insgesamt 20 der 91 mitverwalteten eigenständigen Seelsorgeeinheiten jedoch ein hauptamtlicher Diakon oder Pastoralassistent tätig.

9.2.2 *Staatskirchliche Besonderheiten*

Der Leiter des Pastoralamtes des Bistums Basel, Bischofsvikar Max Hofer, macht in seinem Antwortschreiben zur Gemeindewirklichkeit im Bistum Basel auf eine wichtige Tatsache als Vorbedingung weiterer Überlegungen aufmerksam: „Da das Bistum Basel aufgrund der historischen Entwicklung und der Situation (z. B. die wichtigsten finanziellen Mittel sind auf Gemeindeebene und nicht in der Bistumsleitung) anders organisiert ist als die Bistümer in Deutschland, ist auch die Arbeitsweise in der Bistumsleitung anders. Vieles wird ‚vor Ort' entwickelt ... Mitverantwortung nehmen bei uns nicht nur Pfarrgemeinderäte, sondern auch Kirchgemeinderäte (staatskirchliche Organisation) wahr. Letztere sind obligatorisch und erfüllen teilweise auch die Funktion von Pfarrgemeinderäten, besonders in kleineren Pfarreien."[26]

Diese Kirchgemeinde, ursprünglich mit der politischen Gemeinde identisch, wurde im 19. Jahrhundert, als sich die Konfessionen zu vermischen begannen, zur selbständigen Institution. Neben der Vermögensverwaltung hat sie auch das Recht der Pfarrerwahl durch die Gläubigen. Die Annahme dieser vom Staat so gewollten Ordnung garantiert der Kirche in der Schweiz die öffentlich-rechtliche Anerkennung und die finanzielle Sicherstellung. Nicht überall geschah dies ohne Probleme. In Basel-Stadt und Schaffhausen verweigerten die Katholiken die Annahme der staatlichen Kirchenordnung. Daher blieben sie vorerst privatrechtlich organisiert und regelten ihre Verwaltung bis 1972 bzw. 1968 ohne staatliche Hilfe.

9.2.3 *Personalsituation und erste Schritte*

Im Bistum Basel leben heute rund 1,1 Millionen Katholiken in 530 Pfarreien und 70 fremdsprachigen Missionen. Wenn man die Personalprognose bis zum Jahr 1998 berücksichtigt, werden bis dahin rund 80 Pfarrer weniger zur Verfügung stehen. 120 ständige Diakone und Laientheologen/innen werden dann als Gemeindeleiter und -leiterinnen eingesetzt sein (heute: 60). Trotzdem werden unter diesen Voraussetzungen 40 Pfarrer oder GemeindeleiterInnen fehlen. Das bedeutet, daß nur noch im Ausnahmefall ein Priester als Pfarrer am Ort wirken wird und daß nicht einmal genügend ständige Diakone, Laientheologinnen und -theologen für die Gemeindeleitung zur Verfügung stehen.

Dies sind die Tatsachen, von denen die Dekanenkonferenz (18./19. Januar 1994) ausgehen mußte, als sie sich mit der Personalsituation im Bistum beschäftigte. Eine wichtige Hilfe für das methodische Vorgehen dieser Konferenz war das zuvor entwickelte „Arbeitsinstrument für pastorales Handeln im Bistum Basel – Suchet zuerst das Reich Gottes und seine Gerechtigkeit", wonach zunächst die Wirklichkeit und ihre Hintergründe eine wichtige Rolle spielten.

Dieser Ansatz gehört in den Gesamtkontext der Sozialpastoral von Norbert Mette, Hermann Steinkamp und Ottmar Fuchs und beschreibt die Kirche in einer Spannung zwischen Glaubenstradition und Gesellschafts- bzw. Weltsituation. Es geht also konkret um ein Einordnen des Phänomens Personalsituation in den gesellschaftlichen Kontext.

„Ob Arbeitslosigkeit oder Freizeitkultur, ob Mobilität oder wachsender Individualismus, ob Nord-Süd-Gefälle oder Zerstörung der Natur, ob Migration oder kriegerische Auseinandersetzungen, ob Drogen oder Aids, ob Veränderung der Sonntagskultur oder Seelsorgermangel – die Probleme, vor denen der heutige Mensch, und damit auch jeder Christ, an der Wende zum dritten Jahrtausend steht, sind außerordentlich vielfältig und miteinander verknüpft. Wie noch nie in der Geschichte sind sie zugleich eng mit der Frage nach dem Überleben der Menschheit verbunden. Bei der Suche nach neuen Wegen sind deshalb alle Kräfte gefragt und notwendig.

Auch die Kirche kann sich vor den Herausforderungen der Gesellschaft nicht verschließen, wenn sie die Menschen ernstnimmt. Sie muß sich auch der gesellschaftlichen Situation stellen, wenn sie das Evangelium glaubwürdig verkünden und den Auftrag Jesu Christi erfüllen will. Kirche befindet sich also stets auf einer Gratwanderung. Sie muß einerseits die vielfältige gesellschaftliche Wirklichkeit, die sie umgibt und in der sie sich ereignet, wahrnehmen. Andererseits ist sie der Botschaft der Schrift verpflichtet und muß sich daran ausrichten. Dieser doppelte Anspruch führt die Kirche vor Fragen wie: Wie sieht eine christliche Antwort auf die Probleme unserer Zeit aus? Wie können wir heute das Evangelium Jesu Christi glaubwürdig verkünden? Welchen Menschengruppen, welchem Problem muß dabei unsere besondere Sorge gelten? Was hat Jesus Christus heute vor mit unserer Pfarrei, mit unserem Bistum, mit der Weltkirche? Wie kann die Seelsorgearbeit den Menschen helfen, christlicher und erfüllter zu leben? Den Herausforderungen unserer Zeit stellt sich auch das Bistum Basel" (Arbeitsinstrument, 3).

In seinem Beitrag zum Thema „Überlegungen zu gesellschaftlichen Prozessen, welche die Kirche und die Personalsituation beeinflussen" machte der Dekan Dr. Hansjörg Vogel, der spätere und zwischenzeitlich zurückgetretene Diözesanbischof von Basel, bei der Dekanenkonferenz auf zwei gesellschaftliche Entwicklungen aufmerksam:

- Bedeutungsverlust der Institutionen bei wachsender Bedeutung der formalen Organisation und strukturelle Individualisierung als Folgen der funktionalen Differenzierung der modernen Gesellschaft.
- Einfluß der gesellschaftlichen Entwicklung auf die Sozialform der Kirche (Auflösung des Milieukatholizismus).

Die Folgen dieser Entwicklung sind auch im Bereich der Kirche sichtbar und zeigen, daß auch hier Mitgliedschaft und Organisationszweck zunehmend voneinander getrennt werden. Nur wenige Mitglieder der Kirche unterhalten einen Austausch mit der größer gewordenen Kernorganisation Kirche. Übertragen auf die Personalsituation bedeutet diese Tatsache, daß der Einsatz von Laientheologinnen und -theologen in der Gemeindeleitung zwar zu einer Stärkung der formalen Organisation geführt hat, aber als Ersatzfunktion auf Dauer eher eine menschliche Überforderung bedeutet.

Zunächst aber ging es um den Auftrag der Kirche in der Welt und die Menschen, die ihren Dienst tun in dieser Kirche. Das Phänomen Personalsituation ist festgelegt durch verschiedene Faktoren. Eine Vorgabe des Personalamtes legt fest, daß an der Struktur der Pfarrei, wo sie sinnvoll ist, als Lebensgröße festgehalten werden soll. Die Struktur verlangt in quantitativer und qualitativer Hinsicht Personal, das aber laut tatsächlicher Personalentwicklung nicht verfügbar ist.

Die außerordentliche Dekanenkonferenz im September des gleichen Jahres setzte an bei der Frage nach der Befindlichkeit. Dazu wurde eine Umfrage bei 85 Seelsorgern und Seelsorgerinnen nach deren Lebens- und Arbeitsweise unter den Aspekten Grundvollzüge der Kirche, Zusammenarbeit, Rolle, Freizeit und Kirchenrecht durchgeführt und ausgewertet, die vorher stattgefunden hatte. Es handelte sich dabei zwar um keine repräsentative Umfrage, da der Personenkreis zu eingeschränkt war, aber einige Trends ließen sich trotzdem feststellen, von denen an dieser Stelle zwei ausdrücklich genannt werden sollen.

Beim Thema Zusammenarbeit zeigte sich ein diffuses Bild: Auf der einen Seite erfährt die Mehrzahl der Befragten die

Arbeit im Team als hilfreich; auf der anderen Seite läßt der Bereich Kommunikation sowohl innerhalb des Teams als auch darüber hinaus auf übergeordneter Ebene zu wünschen übrig. Gerade nichtleitende Seelsorger und Seelsorgerinnen bemerkten, daß ihre Rolle nicht ausreichend umschrieben ist, und stellten daher öfter die Frage nach dem Sinn ihrer Arbeit. Die Gemeindeleitung durch Laien wurde zwar von einem großen Teil der Befragten für verantwortbar, aber weder zukunftsweisend noch verheißungsvoll gehalten. Immer wieder wurde von den Betroffenen nach den nötigen Kompetenzen für ihre Arbeit gefragt. Der Leiter des Pastoralamtes des Bistums Basel, Bischofsvikar Max Hofer, stellte auf der Konferenz der Leiter der Deutschen Seelsorgeämter (6.–8. Dezember 1994) zum Thema „Der Leitungsdienst in der Gemeinde – Tatsachen, Modelle und Fragen im Bistum Basel" folgendes fest:

„Diese neue Art, in Pfarreien den seelsorglichen Leitungsdienst wahrzunehmen, ist eine realistische, aber keine ideale Lösung.

Folgende Erfahrungen zeigen es:

1. Nicht alle Priester können als Pfarrer vorab in Seelsorgeverbänden eingesetzt werden, weil die Ansprüche, in dieser Art kirchlichen Dienst zu leisten, wachsen, wie die Begriffe Belastbarkeit, Führungsfähigkeit, Teamfähigkeit, Konfliktfähigkeit zeigen.
2. Viele Laientheologen/innen wollen nicht GemeindeleiterInnen werden, weil dieser Dienst mangels sakramentaler Beauftragung nicht richtig wahrgenommen werden könne.
3. Seelsorgeverbände können nicht beliebig vergrößert werden, einzelne Pfarreien müssen unabhängig bleiben, weil nicht alle Pfarrer in einem Team zusammenarbeiten können oder wollen.
4. Bis jetzt ist keine, auch noch so kleine Pfarrei aufgehoben worden. Gründe mögen sein: gewachsene, föderalistische Struktur der Kirchgemeinde, berechtigte Suche nach Beheimatung in einer überschaubaren kirchlichen Gemeinschaft.

Aufgrund solcher und weiterer Fragen stellen sich immer drängender vor allem drei Fragen: a) Ist es verantwortbar, angesichts des zunehmenden Priestermangels in Kauf zu nehmen, daß immer mehr Gläubige an einem regelmäßigen und für unsere Verhältnisse sachgerecht gestalteten sakramentalen Leben nicht mehr teilnehmen können?

b) Führt der vom Kirchenrecht aufgezeigte Weg, bei Priestermangel außerordentliche Vollmachten bei der Taufe und bei der kirchlichen Eheassistenz zu geben, nicht zu einem Verlust am Ordoverständnis? Macht dieser Weg vor der Krankensalbung und einmal auch vor der Eucharistiefeier halt?

c) Wie reagieren die Bischöfe und die Verantwortlichen in Rom auf folgende Fragestellung: Im Bistum Basel fühlen sich für den kirchlichen Dienst Frauen und Männer, die z. B. im Ehesakrament miteinander verbunden sind, berufen. Ihre Berufung wird auch von kirchenamtlicher Seite ernsthaft geprüft. Aufgrund dieses Vorganges erhalten sie vom Bischof einen Auftrag für den kirchlichen Dienst. Wegen der Zulassungsbedingungen zum priesterlichen Dienst kann dieser Auftrag den sakramentalen Dienst nicht umfassen. Dieser sakramentale Dienst gehört aber wesentlich zum Aufbau lebendiger Kirche und zum Leitungsdienst an einer Gemeinde. Sollen solche Frauen und Männer deshalb nicht mehr im Leitungsdienst der Gemeinde eingesetzt werden? Soll zugesehen werden, wie diese Gemeinden dann selber Frauen und Männer zu sogenannten Bezugspersonen machen und ihnen Leitungsfunktionen übergeben?

Obwohl wir auf solche und ähnliche Fragen keine befriedigenden Antworten finden, schreiten wir auf diesem Weg weiter. Wir haben dabei die Erwartung, daß – Gott weiß, wann – die GemeindeleiterInnen ordiniert werden; dies vor allem im Interesse, daß die Sakramentalität der Kirche nicht verlorengeht. Dies scheint uns wichtiger als die Verpflichtung zum Zölibat. Der Einsatz von GemeindeleiterInnen ist keine ideale Lösung, aber eine Notlösung, da für unsere Verhältnisse keine Alternative am Horizont erscheint. Beim Vorangehen auf diesem Weg ist das Arbeitsinstrument für pastorales Handeln im Bistum Basel uns eine Hilfe. Mit diesem Werkzeug sehen wir: Wir sind auf dem Weg zu einer neuen Sozialform, die aber sakramentalen Charakter tragen muß. Wir hoffen dabei, daß der Geist Gottes uns weiter begleitet."

9.3 Bistum Limburg

9.3.1 *Historische Entwicklung*

Das Bistum Limburg wurde 1827 im Kontext der Errichtung der Oberrheinischen Kirchenprovinz als Landesbistum für das Herzogtum Nassau und die freie Reichsstadt Frankfurt gegründet. Durch territoriale Veränderungen in den Jahren 1884, 1889, 1929 und 1933 erfolgte eine erhebliche Gebietserweiterung. Frankfurt und Wiesbaden waren schon früh größere Städte, während erst nach 1866 die Industrialisierung des Rhein-Main-Raumes einsetzte. Damit verlagerte sich der bevölkerungsmäßige Schwerpunkt der Diözese vom Norden in den Süden. Strukturell gesehen traten an die Stelle der alten und nicht mehr zweckmäßigen Landeskapitel 1828 insgesamt 15 Dekanate, die gleichzeitig zur Wahrnehmung staatskirchlicher Hoheitsrechte dienten. Bis zur Neugliederung der Großstädte Frankfurt und Wiesbaden im Jahr 1931 blieb diese Einteilung im wesentlichen bestehen. 1951 wurden 25 Dekanate und erst nach der Synodalordnung 1970/71 insgesamt elf Bezirke und über 50 Dekanate geschaffen. Der 1980 durch den Priestermangel erforderliche neue Struktur- und Personalplan legte dann elf Bezirke, 31 Dekanate und 83 Pfarrverbände fest. Im Gründungsjahr zählte die Diözese 135 Pfarreien. Während das Netz der Pfarreien im Mainzer Teil ziemlich dicht war, gab es u. a. im Westerwald Landpfarreien mit bis zu zehn Dörfern und 3000–4000 Katholiken. Nach 1866 entstanden mit Hilfe des Bonifatiusvereins und durch Initiative des Frankfurter Stadtpfarrers Ernst Franz Münzenberger und dann wieder ab 1887 in den größeren Orten der Diaspora und den Arbeitervororten Frankfurts neue Seelsorgesprengel. In Frankfurt und Wiesbaden erfolgte die Gründung neuer Seelsorgebezirke erst nach 1900, obwohl der Anteil der Katholiken dort rapide wuchs.

Nach dem Ersten und Zweiten Weltkrieg entstanden in den Neubauvierteln in und rund um Frankfurt und Wiesbaden und nach dem Zweiten Weltkrieg außerdem durch die Ansiedlung 130.000 katholischer Heimatvertriebener in bis dahin rein evangelischen Gebieten neue Seelsorgestationen. 1987 gab es insgesamt also 279 Pfarreien und 52 Pfarrvikarien.

9.3.2 *Hirtenbrief zur „Gemeindeleitung in Kooperation" (1991)*

In einem Hirtenbrief wandte sich der Limburger Bischof Franz Kamphaus im Oktober 1991 an die Gläubigen mit dem Anliegen, über die Zukunft der Pfarrgemeinden im Bistum Limburg nachzudenken. Er beschreibt sehr deutlich den Traditionsbruch, der auch in der Kirche an die Fundamente geht und ein schmerzlicher Prozeß des Abschieds ist, aber nicht Auflösung und Konkurs bedeutet.

Von dieser, von Gott zugemuteten Situation des Glaubens ausgehend, versucht er die Krise jedoch als Zeit der Gnade zu deuten, in der der Geist Gottes zu einer neuen Gestalt von Kirche führt. Bischof Kamphaus appelliert an die gemeinsame Verantwortung, die sich in den vielen haupt- und ehrenamtlichen Mitarbeitern und Mitarbeiterinnen vor Ort als Hoffnungszeichen der Kirche zeigt. Dabei geht er auf die Situation der Priester ein, die oftmals die Grenze ihrer Belastbarkeit erreichen, und auf die gewachsene Bereitschaft von Laien zum Engagement in den Gemeinden. Der Diözesansynodalrat hatte einen Entwurf zur „Gemeindeleitung in Kooperation" erarbeitet, den der Bischof in seinem Hirtenbrief vorstellt; auf zwei Punkte geht er näher ein:

1. Die Möglichkeit für Pfarrer, sich aus der Arbeit des Verwaltungsrates zurückzuziehen (zunächst als Versuch zur Erprobung in einigen Gemeinden).
2. Die Möglichkeit der Teilnahme von Laien an der Gemeindeleitung (Bezugspersonen, Wortgottesdienstleiter, bei Beerdigungen oder Katechese).

Mit dem Bild eines schmalen Pfades, den man mit einer Laterne für den nächsten Schritt ausleuchtet, schließt Bischof Kamphaus seinen Brief und ruft damit zu größerer Eigenverantwortung und zum Miteinander auf.

„Unser Weg in die Zukunft ist keine ausgeleuchtete Startpiste, wie auf dem Frankfurter Flughafen. Er gleicht mehr einem schmalen, steinigen Pfad, den man mit einer Laterne beschreitet. Sie leuchtet uns in dem Maße, wie wir selber vorangehen. Sie gibt jeweils hinreichend Licht für den nächsten Schritt. Wer immer gleich den übernächsten Schritt machen möchte, kommt ins Stolpern.

Die anstehenden Schritte führen zu größerer Eigenverantwortung. Die Sache unseres Glaubens können wir nicht durch andere für uns erledigen lassen. Wenn wir sie uns selber nicht zu eigen machen, wird sie nicht überleben. Die Zukunft der Kirche liegt nicht in der Vermehrung der Hauptamtlichen. Deren Zahl ist deutlich begrenzt. Wir werden unserer Verantwortung in der Welt und für die Welt nur dann gerecht, wenn wir miteinander Kirche sind."

9.3.3 *Anhang zum Hirtenbrief – ein Überblick*

Der dem Hirtenbrief folgende Anhang geht kurz auf das erneuerte Grundverständnis von Seelsorge ein. Danach ist die Mitverantwortung aller für das Leben in der Gemeinde eine wichtige Voraussetzung für Seelsorge, und erst von daher wird die Gemeinde zur Trägerin der Seelsorge. Diese Gedanken werden zurückgeführt auf die Beschlüsse des Zweiten Vatikanischen Konzils, auf die danach entstandene Synodalordnung und den Diskussionsprozeß in den Jahren 1975 bis 1977. In dieser Zeit entschied man sich im Bistum Limburg für das Fortbestehen der vorhandenen Gemeindestrukturen.

Im daraus entstandenen „Pastoralstruktur- und Personalplan" bestimmten die Verantwortlichen in Absprache mit den Pfarrgemeinderäten „Zentralort-Pfarreien" mit Pfarrer am Ort, denen andere Gemeinden mit einer hauptamtlichen Pastoralkraft zugeordnet wurden.

Damit wurde erstmals eine „Pastorale Planung" mit dem Ansatz, „eine absehbar und errechenbar geringere Anzahl von Priestern auf ein flächendeckendes, aber strukturiertes Personalsystem zu verteilen", auf den Weg gebracht. Nach der Empfehlung durch den Diözesansynodalrat von 1987 wurden bis 1991 Modelle zur Gemeindeleitung untersucht und drei Muster zur Anwendung gebracht. Dabei wird unterschieden zwischen „Gemeindeübergreifende Wahrnehmung der Dienste", „Einsatz von Bezugspersonen in Gemeinden" und „Leitung der Seelsorge durch einen nebenamtlichen Priester". Bei allen drei Modellen werden auch Konsequenzen für den Pfarrgemeinderat mitbedacht.

Der Pfarrgemeinderat ist Ort des Dialogs zwischen Amt und

Mandat, daher sollte die Anwesenheit des Pfarrers, aber auch der jeweiligen Bezugsperson nicht in Frage gestellt werden. Lösungsvorschläge sind daher eine Reduzierung der Zahl der Sitzungen durch verstärkte Arbeit in Ausschüssen oder bei Gelegenheit auch gemeinsame Sitzungen mehrerer Gemeinden. Weiter wird auf die Möglichkeit der Entlastung des Pfarrers von Verwaltungsaufgaben durch Verzicht auf die Mitgliedschaft oder den Vorsitz im Verwaltungsrat aufmerksam gemacht. Nach Anhörung des Pfarrgemeinderates kann der Pfarrer für seine hauptamtlichen Mitarbeiter und Mitarbeiterinnen auch die Beerdigungsvollmacht beantragen.

9.3.4 *Auf dem Weg zu einer neuen „Pastoralen Planung"*

Derzeit ist etwa ein Drittel der Pfarreien im Bistum Limburg nicht mehr mit einem eigenen Pfarrer besetzt; diese Zahl steigt kontinuierlich an. Einige Pfarrer haben drei bis fünf Pfarreien zu leiten, und ca. 15 Pfarreien werden von einem Priester nebenamtlich geleitet. Es können also selbst die Zentralorte nicht mehr mit einem eigenen Pfarrer besetzt werden.
Die neue „Pastorale Planung" soll nun Entwicklungen in Kirche und Gesellschaft gestaltend aufgreifen. Daher sollen neue Pastoralstrukturen geschaffen werden, welche die jeweilige kommunale Entwicklung einbeziehen, die Zusammengehörigkeit von kategorialer und territorialer Pastoral fördern und der Personalentwicklung in der Kirche Rechnung tragen. Diese neue „Pastorale Planung" ist ein mehrstufiger Prozeß, und die Planungsaktivitäten beziehen sich in den drei Phasen auf drei Gegenstandsbereiche (Inhalt, Struktur, Personal).
In der Phase „Leitlinien-Erarbeitung" beraten Bistums- und Bezirksgremien und Berufsgruppen auf der Grundlage des Papiers „Leitideen für die Pastoralstruktur und Personalplanung im Bistum Limburg" über die Themen „Kirche im Pastoralen Raum", „Pastorale Kooperation und Teamarbeit" und „Zusammenführung kirchlicher Lebensvollzüge" bzw. „Pastorale Handlungsziele und Schwerpunkte". In der Phase „Konzept-Erarbeitung" werden diese Leitlinien unter Berücksichtigung der wechselseitigen Abhängigkeit der Gegenstandsbereiche zu Konzepten ausgebaut und in der Phase

„Konzept-Erprobung“ punktuell erprobt. Die Umsetzung dieser Leitidee in konkrete „pastorale Handlungsziele und Schwerpunkte“ erfolgt dann in den einzelnen Pastoralen Räumen, um den religiösen und kirchlichen Bedürfnissen der Menschen vor Ort zu entsprechen.
In der Zwischenzeit wurde im Amtsblatt vom 1. September 1995 das Statut für die Pfarrseelsorge nach c. 517 § 2 CIC veröffentlicht. Darin wird für das Bistum Limburg die Notsituation des Priestermangels zum Anlaß genommen, die Gemeindeleitung durch sogenannte Pfarrbeauftragte zu regeln. Dieses Statut wird bis zum 31. Mai 1999 ad experimentum in Kraft gesetzt.

9.4 Bistum Rottenburg-Stuttgart

9.4.1 *Historische Entwicklung*

Bis zur Neuordnung der Diözesanverhältnisse und Errichtung des Bistums Rottenburg als Landesbistum für das Königreich Württemberg im Jahr 1821 gehörte das Gebiet des heutigen Bistums Rottenburg-Stuttgart zur Hälfte zum Gebiet der Diözese Konstanz. Die andere Hälfte gehörte zu den Diözesen Augsburg und Würzburg und kleine Teile zu Speyer und Worms. Zu Beginn des 19. Jahrhunderts war Württemberg ein wirtschaftlich armes Land mit hoher Bevölkerungsdichte. Charakteristisch ist die große Zahl der teilweise bis ins Mittelalter zurückreichenden Städte.
Die Bevölkerungszahl Württembergs stieg im Verlauf des 19. Jahrhunderts und besonders nach dem Zweiten Weltkrieg im Zuge der Wirtschaftsentwicklung stark an und brachte einen beachtlichen Verstädterungsschub mit sich. Außer in Stuttgart bildeten sich regionale Zentren in Heilbronn, Reutlingen, Ulm, Esslingen. Neben einer Universität in Tübingen besteht in Stuttgart eine Technische Hochschule und in Ulm und Hohenheim weitere kleine Universitäten mit begrenztem Fächerkanon. Landwirtschaftlich war das Neckarland bis Mitte des 20. Jahrhunderts geprägt durch bäuerliche Klein- und Kleinstbetriebe. So konnte die industrielle Entwicklung auf dieses reiche Arbeitskräftepotential zurückgreifen. Man

findet im Gebiet Württemberg überwiegend Verbrauchsgüter- und Veredelungsindustrie. In Verbindung mit der Landwirtschaft bildete sich im Ballungsraum Stuttgart der Maschinenbau als Schwerpunkt heraus. Ein Teil der Arbeiterschaft bewirtschaftet auch heute noch die ererbten Äcker nebenbei weiter. Ein wichtiger Wirtschaftsfaktor ist besonders im Schwarzwald auch der Fremdenverkehr. Konfessionell gesehen ist das Gebiet Altwürttemberg rein lutherisch geprägt. Spätestens seit dem Zweiten Weltkrieg gibt es jedoch keine konfessionell geschlossenen Gebiete mehr, und der frühere Diasporateil hat eine zuvor unbekannte Bedeutung gewonnen.
Die Pfarreiorganisation in den Diasporagebieten blieb im 19. Jahrhundert weitgehend stabil, wogegen in den katholischen Siedlungsgebieten bis 1848 eine Pfarregulierung und Angleichung an staatliche Verwaltungsgrenzen stattfanden und ca. 90 Pfarreien neu bzw. aus Filialgemeinden gegründet wurden. In der zweiten Hälfte des 19. Jahrhunderts fand ein verstärkter Ausbau der Diasporaseelsorge statt, während in den überaus reichlich ausgestatteten katholischen Stammgebieten zum Kostenausgleich Stellen aufgehoben wurden. 1902 existierten insgesamt 699 Pfarreien oder Kuratien.
Der Wiederaufbau der Pfarreien in den zerstörten Städten Stuttgart, Heilbronn und Ulm und der Zustrom neuer Bevölkerungsgruppen nach 1945 ließ die Zahl der Katholiken des Bistums von 1940 bis 1980 um 125% ansteigen. In dieser Zeit wurden viele improvisierte Gründungen von Seelsorgestellen vorgenommen, die später erst festgeschrieben wurden. Ende 1988 gab es 1049 Pfarreien und andere selbständige Seelsorgebezirke. Im gleichen Jahr wurde der Beschluß zur Gründung von 110 Pfarrverbänden gefaßt, die gerade in größeren Städten die Funktion einer Gesamtkirchengemeinde übernahmen.

9.4.2 *Pastorale Perspektive*

Im Jahr 1992 erschienen nach längerer Zeit der Entwicklung und Beratung die „Pastoralen Perspektiven für die Seelsorge in der Diözese Rottenburg-Stuttgart" als pastoral-theologische Grundlage für die Stellenplanung 2001. Sie waren von einer Arbeitsgruppe zusammen mit dem Bischöflichen Ordinariat

erarbeitet und vom Diözesanrat verbindlich verabschiedet worden.
Bischof Dr. Walter Kasper schreibt zur Intention des Papiers: „Die Pastoralen Perspektiven wollen helfen, die große Herausforderung, vor der wir durch die derzeitigen Veränderungen und Umbrüche gestellt sind, auch als Chance für ein erneuertes Gemeindeverständnis zu begreifen und das Bewußtsein für die gemeinsame Verantwortung aller Gemeindemitglieder zu schärfen. Sie setzen sich mit wesentlichen Fragen um Gemeindeaufbau, Gemeindeentwicklung und Gemeindeleitung auseinander. Alle diese Bemühungen um ein authentischeres Glaubenszeugnis leben aus dem Grundanliegen der Evangelisierung und sind diesem verpflichtet.“[27]
Grundlagen des Papiers sind die nach dem Zweiten Vatikanischen Konzil und der Gemeinsamen Synode der Bistümer in der BRD auf der Diözesansynode 1985/86 entstandenen Impulse für eine am Evangelium orientierte Erneuerung der Pastoral. Vier Thesen, an denen sich die Pastoralen Perspektiven orientieren, bilden die Grundlage für diese Erneuerung:

- Not und Chance der seelsorglichen Situation:

Hier geht es um die Not der Menschen und die Not der Kirche in unserer Zeit, die zu Beginn als Befindlichkeit der Menschen und als Ausgangspunkt des pastoralen Handels dargestellt werden. Diese Notsituation wird jedoch als „Chance“ gedeutet im Hinblick auf Bewußtseinsveränderung bei Gemeinden und Gläubigen, Neuevangelisierung, Erneuerung des Amts- und Leitungsverständnisses und insgesamt als Suche nach einer neuen Gestalt von Kirche. „Doch die Notsituation, die wir derzeit erleiden, sollten wir auch als Herausforderung und Chance verstehen und entdecken, worum es in der zukünftigen pastoralen Entwicklung vor allem geht:
- um die Weckung des Bewußtseins der je eigenen Berufung aller Getauften;
- um das Bewußtsein der Gemeinden, selbst seelsorgerliche, geistliche und priesterliche Verantwortung zu tragen;
- um eine neue Evangelisierung in allen Bereichen einschließlich einer Neubesinnung und Neuordnung der Sakramentenpastoral;

– um ein erneuertes Verständnis von Amt und Leitung;
– um eine erneuerte Gestalt der Kirche und ihrer Gemeinden – einer Kirche der Communio; einer Kirche, die nicht auf sich selbst und ihre eigenen Nöte fixiert ist, der es vielmehr um das Reich Gottes geht; einer Kirche, deren Weg der Mensch ist (Johannes Paul II.); einer Kirche, die den Weg findet von einer versorgenden zu einer (sich selbst und andere) evangelisierenden Pastoral, von einer einseitig priesterzentrierten zu einer gemeindezentrierten Seelsorge" (Arbeitsinstrument, 9).

• Evangelisierung der Kirche:
Es geht um eine Rückbesinnung auf den eigentlichen Grundauftrag der Kirche in der Welt von heute. Dabei wird der Wert einer evangelisierenden und mystagogischen Pastoral herausgestellt: „Deshalb muß unsere Seelsorge ‚mystagogisch' sein, das heißt Menschen vor jenes Geheimnis führen, das auf dem Grund ihres Lebens immer schon anwesend ist: das Geheimnis der Geschichte Gottes mit jedem einzelnen von uns" (Arbeitsinstrument, 11).

• Perspektiven zur Gemeindepastoral:
Hier werden die Konsequenzen der Communio-Ekklesiologie des II. Vatikanums aufgezeigt im Hinblick auf das Gemeindeverständnis (Kirche vor Ort, Trägerin der Seelsorge, priesterliches Amt in der Gemeinde, Zugehörigkeit aller Getauften, Gemeinschaft), auf Gemeindeaufbau und -leitung und auf konkrete Situationen und rechtliche Regelungen.

• Schritte zur Verwirklichung:
Die Perspektiven sind nur dann von Nutzen, wenn sie zu einem Handeln im Sinne von Erneuerung anleiten, das auf allen Ebenen des Bistums Anwendung findet.

9.4.3 *Wege gemeindlicher Erneuerung*

„Es geht nicht einfach nur darum, irgendwelche Symptome zu entdecken und die Symptome abzustellen und dann zu meinen, jetzt haben wir die Umbruchsituation gemeistert. Es geht nicht ohne eine Deutung der Situation und es geht nicht ohne festzustellen, daß in der Situation die Not und die Chance untrennbar miteinander verbunden sind."[28] Diese Worte aus einem Referat von Domdekan Georg Kopp bilden den Rahmen für die Grundlinien der Gemeindeerneuerung. Dabei ist die Annahme der gegenwärtigen Umbruchsituation eine wichtige Voraussetzung dafür, nach neuen Wegen zu suchen. Georg Kopp betont, daß es sich bei den Grundlinien nicht um Modelle handelt, die festgeschrieben sind (Berufsprofile, Modelle zum Gemeindeaufbau und zur Gemeindeleitung), sondern um Perspektiven, die eröffnet werden. Andernfalls würde die Situation vor Ort und deren Verantwortung nicht ernstgenommen. Gleichzeitig ist die Evangelisierung die Mitte allen pastoralen Handelns; von daher sind Gemeindeaufbau und Gemeindeleitung nur Instrumente dieser Evangelisierung, und die Kirche als vorläufige Größe bzw. Hinweis und Zeichen ist Instrument des Reiches Gottes.

Die Grundlinien zur Gemeindeerneuerung gehen davon aus, daß der vielzitierte Priestermangel nur ein Symptom der Krise ist. Wenn man diese Notsituation nun als Herausforderung und Chance begreift, dann geht es zunächst nicht darum, nach neuen Wegen und Zulassungsbedingungen zum kirchlichen Amt zu fragen, sondern um die „Weckung des Bewußtseins der je eigenen Berufung aller Getauften; um das Bewußtsein der Gemeinde, Trägerin der Pastoral zu sein, um eine erneuerte Gestalt der Kirche und ihrer Gemeinden, um eine neue Evangelisierung in allen Bereichen des Lebens".

Konkreter wird das Bild von der Gemeinde als Trägerin der Seelsorge anhand von vier miteinander verbundenen Schritten:

1. Alle sind Mitarbeiter Gottes.
2. Entwicklung einer evangelisierenden Gemeindepraxis.
3. Ausbildung einer differenzierten gemeindlichen Infrastruktur.
4. Entwicklung eines differenzierten Leitungsgefüges.

Georg Kopp stellte in seinem Referat fest, daß die missionarische Kraft der Kirche nicht in erster Linie am Priestermangel leidet oder an der oftmals schlechten Darstellung der Kirche in der Öffentlichkeit, sondern daran, daß viele Menschen von ihrem auch noch so bruchstückhaften Glauben im Alltag schweigen. Es geht also nicht in erster Linie um ein neues Amt, sondern um eine Verwandlung des einzelnen. Dabei ist wichtig, daß der einzelne auch entscheiden kann, inwieweit er zur Gemeinde dazugehören will. Trotz der unterschiedlichen Weise der Verbundenheit des einzelnen Menschen mit der Gemeinde gilt der Satz: „Alle Getauften gehören dazu." Es könne nicht angehen, daß ein Teil der Gemeindemitglieder der Norm der Kirche entspricht, ein anderer nicht: „Und wie viele gibt es, die nicht einfach den Zielvorstellungen einer Theologie entsprechen zum Beispiel auf dem Weg zur Ehe oder nach einer zerbrochenen Ehe."

Bezüglich der Evangelisierung als zweitem Schritt auf dem Weg zu einem neuen Gemeindeverständnis stellt er fest: „Evangelisierung ist zunächst etwas ganz und gar Einfaches, das sich auf tausend Wegen vollziehen muß: Sehen und hören auf die ganze Wirklichkeit des Lebens, der Menschen, der Welt; nichts verdrängen, sich durch nichts kopfscheu machen lassen, der Wirklichkeit standhalten, die Wirklichkeit der Menschen gelten lassen – und sehen und hören auf das Evangelium vom Reiche Gottes – und beides zusammenbringen. Vom einen zum andern und vom andern zum einen denken. Immer wieder, unermüdlich. Um so das Schisma zwischen Leben und Evangelium und am Ende auch das Schisma zwischen der Kirche und vielen Menschen zu überwinden."

Daraus ergibt sich der Aufbau von Gemeinde als „Gemeinschaft von Gemeinschaften" aufgrund der gemeinsamen Verantwortung durch Taufe und Firmung als entscheidender Aspekt bei der Ausbildung einer differenzierten gemeindlichen Infrastruktur. Konsequenzen hat dieses neue Verständnis von Gemeinde auch für das Verständnis von Leitung. So ist Leitung im Hinblick auf das Zusammenwirken der vielen, die Verantwortung tragen, ein Dienst an der Lebendigkeit einer Gemeinde. Für den Priester bedeutet das: Er ist Vorsteher der Gemeinde und Vorsteher der Feier der Eucharistie als Mitte der Gemeinde. Er hat die amtliche Sorge, daß der Auftrag der Kirche in der Gemeinde gelebt wird. Leitung ist demnach kein Alleinunternehmen, sondern ein Gefüge von Verantwortungen und Verantwortlichen.

Die Pastoralen Perspektiven sind nicht nur programmatische

Leitsätze, sondern werden Schritt für Schritt in die Tat umgesetzt, wobei es immer wieder auch Korrekturen, neue Einsichten und vorher nicht gesehene Zwischenschritte gibt. Erste Option dabei ist, daß die Gemeinde Trägerin und Subjekt von Seelsorge ist, d. h. alle Gemeinden werden in ihrer Selbständigkeit erhalten. Die zweite Option lautet: Die Gemeinde muß wirklich zur Gemeinde werden, d. h. der Gemeindemangel muß zunächst behoben werden. Daraus wird auch eine Behebung des Mangels an Berufungen erwachsen. Mitte der Gemeindeentwicklung ist eine gemeinsame Spiritualität, die aus der Bibel bezogen wird und alle Maßnahmen durchwirkt (vgl. Skizze 23).

9.5 Bistum Speyer

9.5.1 *Historische Entwicklung*

Bei der Neuordnung des bayerischen Kirchenwesens durch das Konkordat von 1817 wurde die Wiedererrichtung eines Bistums Speyer als Suffraganbistum von Bamberg beschlossen und 1821 vollzogen. Es erhielt als Sprengel einen Teil des Hochstiftes und die alte Bischofsstadt Speyer und Teile des ehemaligen Bistums Worms, der Bistümer Mainz, Metz und Straßburg. Das heutige Bistum hat Anteil am Südwestdeutschen Stufenland und am Nordpfälzer Bergland. Stammesmäßig berühren sich Franken und Alemannen, und die vorherrschende Mundart ist das Rheinfränkische.
Schon am Ende des 18. Jahrhunderts ermöglichten die Intensivkulturen der Vorderpfalz und der Weinbau der Haardt eine große Bevölkerungsdichte. Erst in der Mitte des 19. Jahrhunderts vollzog sich ein grundlegender Wandel von der Landwirtschaft zu Gewerbe und Industrie. So entstanden im Gebiet von Ludwigshafen-Frankenthal ein größeres Ballungszentrum und um Wörth und Kandel, Kaiserslautern-Homburg-Zweibrücken und Pirmasens kleinere Industriegebiete.
Größere konfessionell geschlossene Gebiete gibt es nicht. Über die Hälfte des Bistumsgebietes bezeichnet man als Diaspora mit einem Drittel oder weniger katholischer Bevölkerung, was jedoch nur ein Sechstel der Bistumsangehörigen ausmacht. In

Skizze 23:
Gemeindeentwicklung in der Diözese Rottenburg-Stuttgart

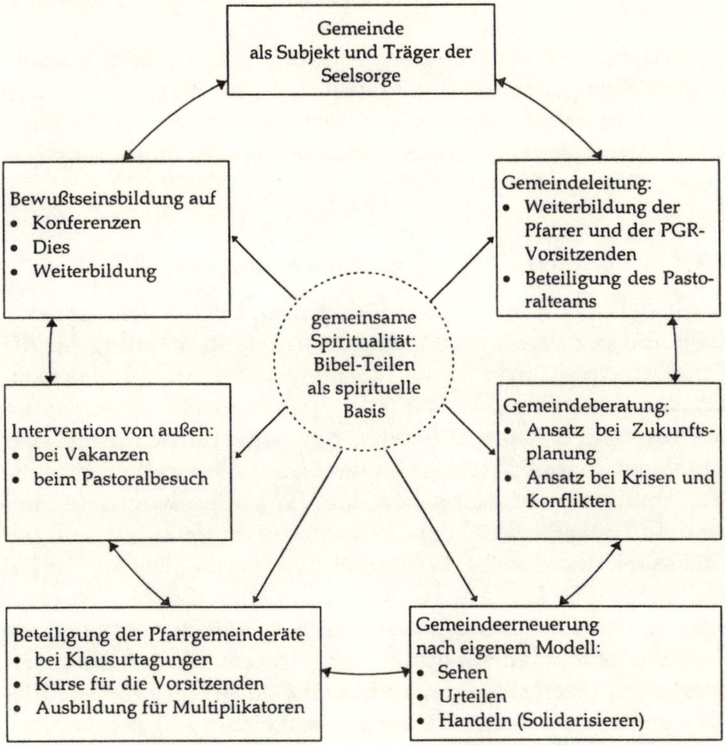

den wirtschaftlich nicht so starken Landgemeinden der Nord- und Westpfalz ist der Anteil der Katholiken zwischen 1839 und 1939 um mehr als die Hälfte gesunken, was auch durch den Zustrom von Heimatvertriebenen und Binnenwanderung nach 1945 nicht wesentlich verändert wurde.

Von 1914 bis 1956 wuchs die Zahl der Dekanate von zwölf (ehemalige Landkommissariate) auf 22. 1980 wurde diese Zahl in Anlehnung an die staatliche Kreiseinteilung auf zehn reduziert, da manche Aufgaben von den neugeschaffenen 42 Pfarrverbänden als Kooperationsebene für die Pfarreien mitüber-

nommen wurden. Das Bistum Speyer zählte 1818 insgesamt 205 Pfarreien. Während die Bevölkerungszahl von 1824 bis 1901 um 80,3 % wuchs, nahm die Zahl der Pfarreien jedoch nur um 11,6 % zu, unabhängig von der Zahl der Filialgründungen in größeren Pfarreien.
Nach dem Zweiten Weltkrieg galt die Zahl von 3000 Katholiken als Richtgröße für eine Pfarrei. Größere Pfarreien wurden geteilt und selbständige Seelsorgestellen errichtet. 1988 mußten jedoch wegen des Priestermangels von 350 Pfarreien schon über 100 mitverwaltet werden.

9.5.2 *Bemühungen um eine Neuordnung der Seelsorge*

Nach der schon erwähnten Strukturreform der Diözese von 1989 und der damit verbundenen Grundentscheidung für die Erhaltung und Stärkung der Pfarrgemeinden und für das Prinzip der Zusammenarbeit auf Pfarrverbandsebene wurde im Bistum Speyer immer wieder die Mitverantwortung aller Gläubigen betont. Wichtige Stationen auf diesem Weg sind die Versammlung der diözesanen Räte 1974 in Ludwigshafen unter dem Titel „Der Weg der Ortskirche in die Zukunft" und der Diözesankatholikentag 1975 unter dem Motto „Die Kirche hat Zukunft". 1989 stellte der Generalvikar Hugo Büchler bei einer Sitzung des Diözesanpastoralrates fest, daß die bestehenden Probleme nicht allein durch Kooperation in den Pfarrverbänden zu lösen seien. Es wurde eine Arbeitsgruppe „Mittleres Zentrum" eingerichtet, die sich mit einem Lösungsversuch aus Frankreich beschäftigte, bei dem mehrere Seelsorger an einem Ort zusammen leben und arbeiten und von dort die umliegenden Pfarrgemeinden betreuen.
Im Sommer 1991 veröffentlichte der Allgemeine Geistliche Rat unter Vorsitz von Bischof Dr. Anton Schlembach Entwürfe eines Struktur- und Personalplans für die Bildung von Pfarreiengemeinschaften. Der anschließende Diskussionsprozeß auf breiter Ebene und die Erprobung in sechs Pfarreiengemeinschaften führten 1993 zur Veröffentlichung der „Elemente des Diözesanpastoralplanes" mit dem Titel „Kirche leben in der Pfarrgemeinde". Für ihre Umsetzung wurde ein Zeitraum von etwa zehn Jahren ins Auge gefaßt.

9.5.3 *Personalsituation*

Von den 350 selbständigen Seelsorgestellen wurden am 1. Januar 1994 insgesamt 224 von einem Pfarrer am Ort geleitet. Diese Zahl wird sich bis zum Jahr 2000 auf 150 verringern. Von den 313 Diözesanpriestern im aktiven Dienst sind 231 in der Pfarrseelsorge tätig. In den meisten Fällen wird also in der nächsten Zeit ein Priester für zwei oder drei Gemeinden zuständig sein. Von den 30 ständigen Diakonen sind drei hauptberuflich angestellt, der Rest mit Zivilberuf oder im Ruhestand. Als ausgebildete/r Pastoralreferent/in arbeiten im Bistum Speyer insgesamt 58 Frauen und Männer und als Gemeindereferent/in 97. Hinzu kommt ein Kreis von zwölf Seelsorgehelferinnen in der Kategorialseelsorge und ca. 80 Religionslehrer/innen.

Der Pastoralplan stellt in diesem Zusammenhang fest, daß der Mangel an Priestern und anderen pastoralen Mitarbeiterinnen und Mitarbeitern eine große Herausforderung für Kirche und Gemeinden darstellt. Es soll daher besonders die Förderung von Priester- und Ordensberufen und von allen Formen des pastoralen Dienstes als Anliegen der Gemeinden ins Auge gefaßt werden.

Unter Berufung auf die Überlegungen der Würzburger Synode wird auch über die Zulassungsbedingungen zum kirchlichen Amt diskutiert, letztlich aber stellt der neue Pastoralplan fest: „Bei einer nüchternen Einschätzung unserer pastoralen Situation spricht vieles dafür, daß eine außerordentliche pastorale Notsituation vorliegt. Es ist aber zu befürchten, daß eine Änderung dieser Situation und insbesondere eine Behebung des Priestermangels von einer Änderung der Zulassungsbedingungen kurzfristig nicht erwartet werden kann."

9.5.4 *Pastoralplan „Kirche leben in der Pfarrgemeinde" von 1993*

Bischof Schlembach schreibt in seinem Wort zur Inkraftsetzung des Pastoralplanes: „Der Pastoralplan enthält zweifellos Neues und Ungewohntes. Aber er bleibt im Rahmen dessen, was einem Einzelbistum von der nationalen Bischofskonferenz und von der Gesamtkirche verbindlich vorgegeben ist."

Die Beschlüsse des Zweiten Vatikanischen Konzils, die Bestimmungen des CIC und die Ergebnisse der Gemeinsamen Synode der Bistümer sind die Rahmenbedingungen für dieses neue Konzept, dessen Umsetzung derzeit läuft. Bei diesem Prozeß wünscht Bischof Schlembach sich besonders Akzeptanz, verstärkte Kooperation von Priestern, Haupt- und Ehrenamtlichen bei ihrer Führungs- und Handlungsverantwortung, den Aufbau von Pastoralteams, die Überprüfung der Zahl der Gottesdienste in den Pfarreien, verstärkte Berufungs-, Gebets-, Eucharistie- und Ehe- und Familienpastoral als inhaltliche Vorgabe für die Seelsorge.
Inhaltlich zeigt der Pastoralplan zunächst grundsätzliche Überlegungen zur Thematik „Kirche und Pfarrgemeinde" auf. Es geht dabei um Dienste und Ämter in der Pfarrgemeinde, Gemeindeleitung, das Wesen der Kirche und um eine Einordnung der Pfarrgemeinde in den Bezugsrahmen von Welt- und Ortskirche.
Die Zielbeschreibung lautet dabei wie folgt: „Soll ein Pfarrer für mehrere Pfarreien – vielleicht sogar bis zu fünf – verantwortlich sein, dann muß auch die Aufgabenverteilung neu überdacht werden.
Ziel dabei ist:

- daß Kirche/Gemeinde leben kann, auch wenn ein Pfarrer für mehrere Gemeinden zuständig ist, und wenn er nur noch einen, im günstigen Fall zwei hauptamtliche pastorale Mitarbeiter hat;
- daß unter diesen Bedingungen sinnvoll Seelsorge geschehen kann;
- daß Pfarrer und pastorale Mitarbeiterinnen und Mitarbeiter in diese Situation wirken können, ohne ihre Freude am Beruf zu verlieren."

Als Alternativen zur Zusammenarbeit werden drei Wege (Zentralisations-, Integrations- und Kooperationsmodell) vorgestellt, wobei das Kooperationsmodell die „allgemeine Grundlage für die personelle und strukturelle Konzeption der pfarrlichen Seelsorge in der Diözese Speyer" ist. Nach diesem Modell kommt fünf Organen (Pfarrer, Pastoralteamleiter/in, Pastoralteam, Pfarrgemeinderat und Verwaltungsrat) die Verantwortung für die Dienste und Aufgaben in der Pfarrei in verschiedener Weise zu. Besonders betont wird dabei die Bedeutung des Pfarrgemeinderates für die jeweilige Pfarrei.

„Die geltende Satzung wird mit folgenden Aufgaben, Rechten und Pflichten ergänzt:

- Der Pfarrgemeinderat hat die Aufgabe, die Charismen in der Gemeinde zu entdecken, Verantwortliche für die verschiedenen Dienste zu finden und sie bei ihrer Tätigkeit zu unterstützen und zu begleiten.
- Auf Vorschlag des jeweils zuständigen Pfarrers bzw. Pastoralteamleiters wählt der Pfarrgemeinderat Verantwortliche für die drei Grunddienste: a) Katechese (Glaubensverkündigung und -weitergabe); b) Liturgie (Feier der Gottesdienste und Festzeiten); c) Caritas (diakonische und soziale Dienste).
- Diese werden vom Pfarrer zu ihrem Dienst beauftragt. Sie werden damit zu amtlichen Mitgliedern des Pfarrgemeinderates.
- Der Pfarrgemeinderat bildet Ausschüsse für die drei Grunddienste. Die Leitung überträgt er dem/der jeweiligen Verantwortlichen.
- Der Pfarrgemeinderat berät alle Neuerungen dieses Konzeptes, welche die Pfarrei betreffen, und beschließt im Rahmen dieser Richtlinien die Regelungen für die eigene Gemeinde."

Das Pastoralteam ist über die Ausführung der drei Grunddienste hinaus zuständig für alle seelsorglichen Aufgabenbereiche, die nicht eindeutig zugeordnet werden können. Es setzt sich zusammen aus dem zuständigen Pfarrer bzw. dem Pastoralteamleiter, dem/der Vorsitzenden des Pfarrgemeinderates, den Verantwortlichen für die drei Grunddienste, dem ständigen Diakon und den anderen pastoralen Mitarbeiterinnen und Mitarbeitern. Die Verantwortlichen für die Grunddienste sollen ihr Tun als „gelebtes Evangelium" verstehen. Es soll jeweils einen Ausschuß des Pfarrgemeinderates geben, dessen Mitglieder Teilaufgaben übernehmen; und es wird außerdem darauf ankommen, eine große Zahl von Gemeindemitgliedern zu finden, die auf ihre Weise einen Beitrag leisten zum Aufbau der Gemeinde.

Geeignet für den Dienst eines Verantwortlichen ist jedes Gemeindemitglied, auch wenn es „in seinen Mitgliedsrechten eingeschränkt ist", soweit dies die „glaubwürdige Ausübung des zu übernehmenden Dienstes nicht beeinträchtigt". Erfahrungen im jeweiligen Bereich, Kenntnisse und Fähigkeiten in Pädagogik und im Umgang mit Gruppen sind dafür vorteilhaft.

Ein Pastoralteamleiter (Pastoralreferent/in, hauptberuflicher Diakon oder Gemeindereferent/in mit Zusatzausbildung) wird vom Bischof mit der Wahrnehmung von Seelsorgeaufgaben und auch der Leitung des Pfarrbüros beauftragt, wenn eine Pfarrei nicht mit einem Pfarrer besetzt werden kann. Er soll mit den Verantwortlichen und in Abstimmung mit dem Pfarrgemeinde- und Verwaltungsrat die gesamte Seelsorgearbeit der Gemeinde planen und hat somit die volle Handlungsverantwortung.

Für die ganze Pfarreiengemeinschaft bestimmt der Bischof einen Priester, der die Seelsorge in allen Pfarreien leitet. Er ist unmittelbarer Vorgesetzter des Pastoralteamleiters und nimmt die Führungsverantwortung wahr. Da auch nach dem Kooperationsmodell nicht immer für jede Pfarrei ein hauptamtlicher pastoraler Mitarbeiter oder eine Mitarbeiterin zur Verfügung steht, erfordert dies ein hohes Maß an Zusammenarbeit zwischen den miteinander verbundenen Pfarrgemeinden, die eine Pfarreiengemeinschaft bilden. Diese Pfarreiengemeinschaft soll möglichst mit dem Pfarrverband übereinstimmen, zumindest dessen Grenzen nicht überschreiten.

Ein weiterer Punkt innerhalb des Kooperationsmodells ist die Verwaltungsarbeit. Der Pfarrer kann als Vorsitzender des Verwaltungsrates einen Antrag an den Generalvikar stellen, alle Befugnisse des Vorsitzenden, oder Teile davon, dem/der stellvertretenden Vorsitzenden zu übertragen, oder das Dezernentensystem einführen, wonach die verschiedenen Bereiche auf die Verwaltungsratsmitglieder aufgeteilt werden. Zusätzliche Unterstützung erfährt die Pfarrgemeinde durch die Pfarrverbandsgeschäftsstelle, die als Dienstleistungsstelle für Verwaltungs- und Organisationsaufgaben eingerichtet wird.

9.5.5 *Umsetzung des Pastoralplans*

Die Überprüfung aller Ordnungen, die das pfarrliche Leben betreffen, und der Statuten der Mitarbeiterinnen und Mitarbeiter nach Übereinstimmung mit den Richtlinien des Pastoralplanes und die entsprechende Ergänzung bzw. Veränderung ist ein erster Schritt. Nach dem Inkrafttreten sind alle Pfarreien gehalten, die Grunddienste der Seelsorge nach den Vorgaben des Planes zu gestalten.
Für die Umsetzung einzelner Elemente des Planes in die Praxis wurden Hilfen entwickelt: „Die Erfahrungen bei der Begleitung der Erprobungspfarreien haben uns gelehrt, daß die Umsetzung in jeweils ganz konkreten Schritten erfolgen muß, wenn sie in den Gemeinden gelingen und von den Gläubigen angenommen werden soll."
Dabei wurde im Rahmen einer Lose-Blatt-Sammlung unterschieden zwischen:

Allgemeinen Grundsätzen zur Umsetzung:
Veränderungen erst nach Entscheidung im Pfarrgemeinderat; im liturgischen Bereich: Veränderungen nur bei Notwendigkeit; liturgische Leitung nur mit Beauftragung.

Umsetzungshilfen, die für jede Pfarrei zutreffen:
Grunddienste der Seelsorge: Aufbau des Pastoralteams; Liturgie: Sonntagsgottesdienste/Wortgottesdienste ohne Kommunionfeier; Verwaltung.

Umsetzungshilfen für diejenigen Pfarreien, die nach dem Pastoralplan neu strukturiert werden sollen:
Grundsatzentscheidung „Kooperationsmodell"; Alternativen: Zentralisation/Integration.

Führungs- und Handlungsverantwortung:
Führungsverantwortung des Pfarrers; Handlungsverantwortung des/der Pastoralteamleiters/in; Aufgaben der Dekane und Pfarrverbandsleiter.
Anlage: Kooperative Führung in der Gemeinde.
Neben diesen schriftlichen Hilfestellungen gibt es aber auch das Angebot von Fachstellen (Sekretariat Pastoralplan/Diözesanstelle der Räte) zur Gemeindebegleitung beim Umsetzungsprozeß.

10.
Zehn Grundsätze zur Gemeindetheologie

Zehn Grundsätze, die den Grund legen sollen für künftige Seelsorge in gemeindlichem Kontext:

1. Unsere Gesellschaft versteht sich als „Multioptionsgesellschaft" (P. Gross): Viele Optionen zu haben gilt als Fülle des Lebens. Der kategorische Imperativ dieser Multioptionsgesellschaft lautet: „Handle so, daß durch dein Handeln wiederum viele weitere Möglichkeiten entstehen."
   Die Rückseite dieser Gesellschaft mit den vielen Optionen sind die Miniobligationsmenschen: Menschen, die sich zu immer weniger verpflichten lassen.
2. Pfarrei hat etwas Verpflichtendes: Sie ist die Gemeinschaft der Glaubenden an einem Ort, trotz vieler anderer Möglichkeiten an anderen Orten. Kann es in Zukunft gelingen, diesen Primär-Ort, dieses „Bio-top" am Leben zu erhalten? Die zunehmende (faktische, aber auch mentale) Minderheitensituation von Christen führt zu Erfahrungen des Schrumpfens und des Kleinerwerdens von Gemeinden.
3. Diese Erfahrung des kleiner werdenden Einflusses wird manchmal aufgefangen durch eine Ideologisierung von Gemeindebildern, die die „Wenigen" zum Ziel erklären. Die Transformationsprozesse in der Gesellschaft werden dann einfach als Bedrohung der eigenen Identität als Gemeinde gelesen und nicht als Herausforderung, über Gemeindebilder und Gemeindestrukturen neu nachzudenken.
4. Wenig hilfreich ist in diesem Kontext das Gemeindebild der „kleinen Herde". Dahinter steckt oft das Ideal des Gesundschrumpfens, weniger der Impuls einer qualifizierten Minderheit. Karl Rahner hat zu diesem Ansatz zu bedenken gegeben, daß es sich dabei weniger um ein biblisches Ideal

als um ein aktuelles Angstprojekt handelt: „Wenn man in einem bequemen Traditionalismus und einer langweiligen Pseudoorthodoxie, die sich vor der Mentalität der heutigen Menschen fürchten, sich auf die ‚kleine Herde' beruft, wenn man uneingestanden gar nichts dagegen hat, daß die unruhig fragenden Menschen aus der Kirche auswandern, weil dann wieder Ruhe und Ordnung einziehen können und alles in der Kirche wieder so wie früher wird, propagiert man dadurch nicht die Haltung, die der kleinen Herde Christi konform ist, sondern eine kleinhäuslerische Sektenmentalität."

5. Auch eine „Pastoral der konzentrischen Kreise" kann für die heutigen Herausforderungen keine adäquate Lösung sein: Die Mitte in diesem konzentrischen Kreismodell bilden häufig die Engagierten. Jeder verantwortliche Theologe aber weiß, daß nur Christus die Mitte sein kann, der die Fernen und die Nahen mit seinem Shalom erfüllt (Eph 2,17–22). Das Zentrum ist also immer dort, wo sich zwei oder drei in seinem Namen versammeln. Auch das Modell der Gemeinde als Kontrastgesellschaft führt hier nicht weiter: Was in diesem Denkansatz als Welt ausgegrenzt wird, enthält in sich ja eine christliche Wirkungsgeschichte.
6. Gegen die Gemeindebilder, die das Ideal der Reinen propagieren, ist vielmehr ein Ansatz festzuhalten, der Pfarrei und gemeindliche Aufbrüche zusammenbindet.
7. Pfarreien dürfen durchaus auf übertriebene Verbindlichkeitsforderungen verzichten: Sie können Freiheitsdimensionen anbieten, die andere Organisationen sich nicht leisten können.
8. Pfarreien können auch auf spirituelle Spezialisierung verzichten: Sie bringen vielmehr sich entwickelnde Sonderformen und Aufbrüche mit der ganzen Fülle des Glaubens der Kirche zusammen.
9. Pfarreien dürfen auch auf zusätzliche Organisationsstrukturen verzichten: In einer Zeit der Legitimationskrise von Institutionen und Organisationen sollten Pfarreien nicht mit dem Anspruch von Organisationen ihren Komplexitätsgrad steigern. Sie haben die Aufgabe, Freiheit und Verbindlichkeit miteinander zu verknüpfen.

10. Wesentlich scheint mir für die Zukunft eine *„Pastoral der Brotvermehrung“*: Die Erzählung von der Brotvermehrung im Neuen Testament macht deutlich, daß die Jünger zunächst den Hunger der Menschen mit Lebens-Mitteln aus den Nachbarorten stillen wollten. Jesus interveniert gegen diesen Ansatz mit Vehemenz: „Gebt ihr ihnen zu essen.“ Dies ist das Vertrauen in die eigenen Ressourcen. Dies hat freilich zur Voraussetzung, daß die Menschen sich lagern, Mahlgemeinschaft um Mahlgemeinschaft, zu hundert und zu fünfzig.
Den zwei Lösungen der Jünger: „Entlasse sie, daß sie sich etwas zum Essen kaufen“; und: „Sollen wir fortgehen, um Brot zu kaufen?“ setzt Jesus seine Lösung entgegen: Das Sichlagern von hundert und fünfzig. Gemeinde als Gemeinschaft von Gemeinschaften wird hier als Lösung für die spirituelle Not („Sie waren wie Schafe, die keinen Hirten hatten“) und die materielle Not angeboten. Eine „Pastoral der Brotvermehrung“ hält das Paradox des Handelns Jesu fest: Dort, wo Menschen an ihrem Ort sich in überschaubare Gemeinschaften lagern, ist auch heute das Wunder der Fülle des Lebens möglich.

ANMERKUNGEN

1 K. Marti, Zärtlichkeit und Schmerz. Darmstadt 1981, 124.
2 J. Fischer, Über das Gottvertrauen in der heutigen Kirche. Wider den ekklesialen Atheismus. In: M. Albus und P. M. Zulehner (Hg.), Nur der Geist macht lebendig. Mainz 1987, 29–37.
3 K. Berger, Hermeneutik, 80.
4 Regensburg 1972.
5 Göttingen 1960, 214–223.
6 Freiburg 1982.
7 Vgl. Mk 10,28–30.
8 Mit Jesus sein. Von ihm gesandt. Paderborn 1993, 28.
9 Zürich 1981.
10 EN, Nr. 20.
11 Didache Nr. 12.
12 In: Theol. Quartalschrift 163 (1983) 227–229.
13 München 1980.
14 S. 32.
15 A. Borst, Lebensformen des Mittelalters, 261f.
16 In: Die lebendige Pfarrgemeinde. Bericht über die 3. Wiener Seelsorgertagung 1933. Wien 1934, 13–33, 14–21.
17 Kirche begreifen, 103f.
18 G. Schulze, Erlebnisgesellschaft, 18.
19 G. Schulze, a. a. O., 59.
20 G. Schulze, a. a. O., 69.
21 München/Mainz 1980, 123.
22 Graz 1980, 329.
23 München 1984, 307.
24 Graz 1989.
25 In: E. Garhammer u. a. (Hg.), Und führe uns nicht in Versuchung. Zur Theologie und Praxis einer christlichen Grunddimension. München 1990, 87f.
26 Brief an den Verfasser vom 21. Dezember 1994.
27 Pastorale Perspektiven in der Diözese Rottenburg-Stuttgart, 5. Bisch. Ordinariat Rottenburg-Stuttgart (Hg.), Materialdienst 34; Handreichung für die Seelsorge. April 1992.
28 G. Kopp, Grundlinien der Gemeindeerneuerung nach den Pastoralen Perspektiven der Diözese Rottenburg-Stuttgart. Ref. vom 21. Mai 1993; unveröffentlichtes Manuskript.

WICHTIGE LITERATUR

In diesem Literaturverzeichnis wird nur die für die Argumentation des vorstehenden Textes notwendige Literatur angeführt. Dies soll zum einen der leichteren Orientierung dienen, zum anderen aber auch dem Anreiz, diese Literatur auch wirklich zur Hand zu nehmen.

1. Methodenkapitel

E. Garhammer, Kulturelles und kommunikatives Gedächtnis. Überlegungen zum Selbstverständnis der Pastoraltheologie in einer Mediengesellschaft, in: Communicatio socialis 29 (1996) Heft 1.

P. M. Zulehner, Praktische Theologie, in: Neues Handbuch theologischer Grundbegriffe, hrsg. von P. Eicher, München 1985, Bd. 3, 400–410.

P. M. Zulehner, Fundamentalpastoral. Kirche zwischen Auftrag und Erwartung, Düsseldorf 1989.

2. Neutestamentliche Zugänge

K. Berger, Hermeneutik des Neuen Testaments, Gütersloh 1988.

G. Lohfink, Wie hat Jesus Gemeinde gewollt? Zur gesellschaftlichen Dimension des christlichen Glaubens, Freiburg 1982.

H.-J. Venetz, So fing es mit der Kirche an. Ein Blick in das Neue Testament, Zürich 1981.

H.-J. Klauck, 1. Korintherbrief, Würzburg 1984 (= Die Neue Echter Bibel 7).

H.-J. Klauck, Gemeinde zwischen Haus und Stadt. Kirche bei Paulus, Freiburg 1992.

J. Roloff, Die Kirche im Neuen Testament, Göttingen 1993.

U. Luz, Das Evangelium nach Matthäus. 1. Teilband (Mt 1–7) und 2. Teilband (8–17), Zürich 1985 und 1990 (= EKK).

K. Backhaus, Kirchenkrise und Auferstehungschristologie. Zum ekklesiologischen Ansatz des Matthäusevangeliums, in: Surrexit dominus vere (FS Degenhardt), Paderborn 1996, 127–139.

K. Wengst, Bedrängte Gemeinde und verherrlichter Christus. Der historische Ort des Johannesevangeliums als Schlüssel zu seiner Interpretation, Neukirchen–Vluyn 1981.

H.-J. Klauck, Gemeinde – Amt – Sakrament. Neutestamentliche Perspektiven, Würzburg 1989.

N. Brox, Die Pastoralbriefe, Regensburg 1969, 5., erw. Auflage 1989 (= RNT).

H. v. Lips, Glaube – Gemeinde – Amt. Zum Verständnis der Ordination in den Pastoralbriefen, Göttingen 1979.
H.-J. Klauck, Volk Gottes und Leib Christi oder: Von der kommunikativen Kraft der Bilder „Neutestamentliche Vorgaben für die Kirche von heute", in: G. Koch u. J. Pretscher (Hg.), Wozu Kirche? Wozu Gemeinde?: Kirchenvisionen, Würzburg 1994, 9–39.

3. Historische Kontexte

A. Blöchlinger, Die heutige Pfarrei als Gemeinschaft, Zürich 1962.
N. Brox, Kirchengeschichte des Altertums, Düsseldorf 1983.
I. W. Frank, Kirchengeschichte des Mittelalters, Düsseldorf 1984.
A. Angenendt, Das Frühmittelalter. Die abendländische Christenheit von 400 bis 900, Stuttgart 1990.
E. Gatz (Hg.), Die Pfarr- und Gemeindeorganisation. Studien zu ihrer Entwicklung in Deutschland, Österreich und der Schweiz seit dem Ende des 18. Jahrhunderts, Paderborn 1987.
E. Gatz (Hg.), Die Bistümer und ihre Pfarreien (= Geschichte des kirchlichen Lebens, Bd. 1), Freiburg–Basel–Wien 1991.

4. Konzil und Synode

H. Wieh, Konzil und Gemeinde. Eine systematisch-theologische Untersuchung zum Gemeindeverständnis des Zweiten Vatikanischen Konzils in pastoraler Absicht, Frankfurt 1978.
Ders., Das Gemeindeverständnis des Konzils und der Synode, in: H. Frankemölle (1981), 62–77.
P. Krämer, Kirchenrecht II: Ortskirche – Gesamtkirche, Stuttgart–Berlin–Köln 1993.

5. Soziologische Analyse

F. X. Kaufmann, Kirche begreifen. Analysen und Thesen zur gesellschaftlichen Verfassung des Christentums, Freiburg 1979.
K. Gabriel, Christentum zwischen Tradition und Postmoderne, Freiburg ^{3}1994.
G. Schulze, Die Erlebnisgesellschaft. Kultursoziologie der Gegenwart, Frankfurt–New York 1992.
U. Beck, Risikogesellschaft. „Auf dem Weg in eine andere Moderne", Frankfurt a. M. 1986.
N. Greinacher, N. Mette u. W. Möhler (Hg.), Gemeindepraxis, München-Mainz 1979.

6. Theologische Optionen

H.-J. Klauck, Hausgemeinde und Hauskirche im frühen Christentum (SBS 103), Stuttgart 1981.
E. Garhammer, Hauskirche, in: LThK^{3}, Bd. 4, 1218f.

Chr. Bäumler, Kommunikative Gemeindepraxis. Eine Untersuchung ihrer Bedingungen und Möglichkeiten, München 1984.

H. Schilling, Kritische Thesen zur „Gemeindekirche", in: Diakonia 6 (1975) 78–99.

H. Frankemölle (Hg.), Kirche von unten. Alternative Gemeinden, München–Mainz 1981.

E. Klinger u. R. Zerfaß (Hg.), Die Basisgemeinden – ein Schritt auf dem Weg zur Kirche des Konzils, Würzburg 1984.

J. B. Metz, Jenseits bürgerlicher Religion, München–Mainz 1980.

P. Fischer u. a. (Hg.), Basisgemeindliche Kirche. Dokumentation, Tübingen und Basel 1996 (= Kontakte. Beiträge zum religiösen Zeitgespräch 1).

7. Selbstverständnis von Gemeinde

Chr. Möller, Gemeinde, in: TRE 12, 316–335.

K. Lehmann, Gemeinde, in: Christlicher Glaube in moderner Gesellschaft, Freiburg 1982, Bd. 29, 5–65.

R. Zerfaß u. K. Roos, Gemeinde, in: Handbuch religionspädagogischer Grundbegriffe, hrsg. von G. Bitter und G. Miller, München 1986, Bd. 1, 132–142.

L. Karrer (Hg.), Handbuch der praktischen Gemeindearbeit, Freiburg 1990.

8. Gemeinde als Gemeinschaft von Gemeinschaften

P. M. Zulehner, J. Fischer u. M. Huber, „Sie werden mein Volk sein." Grundkurs gemeindlichen Glaubens, Düsseldorf 1985.

P. M. Zulehner, Gemeindepastoral. Orte christlicher Praxis, Düsseldorf 1989.

Ders., Grundkurs gemeindlichen Glaubens. Ein Arbeitsbuch, Düsseldorf 1992.

9. Pastorale Planung

R. Zerfaß, „Gefährten in der Bedrängnis, in der Hoffnung auf die Gottesherrschaft und in der Geduld in Jesus" (Offb 1,9), in: PThI 14 (1994) 119–145.

Themenheft „Modelle kooperativer Seelsorge": ThPQ 143 (1995) Heft 2.

G. Hoernchen, Auf dem Weg ins dritte Jahrtausend. Pastoralkonzepte und Gemeindetheologie in verschiedenen Bistümern des deutschen Sprachraums, Diplomarbeit am Lehrstuhl für Pastoraltheologie, Paderborn 1995.

M. Jacobs, Fortpflanzung von Glauben. Sozialwissenschaftliche und theologische Reflexionen über die Bedeutung von Einzelpersonen und sozialen Gefügen, Diss. masch. Wien 1995 (erscheint im Druck: Paderborn 1996).